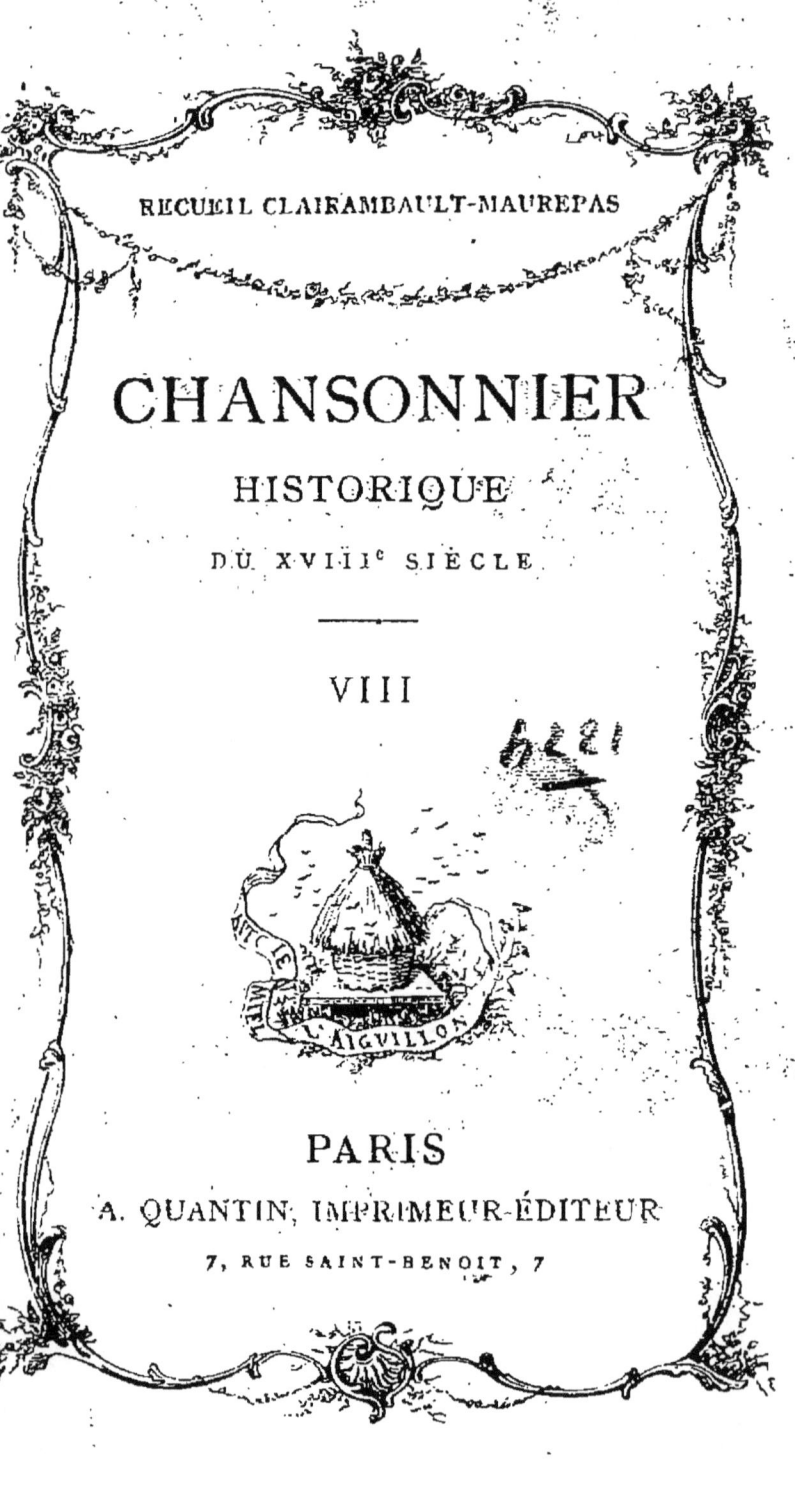

CHANSONNIER HISTORIQUE

DU XVIIIe SIÈCLE

RECUEIL DE CHANSONS, VAUDEVILLES
SONNETS, ÉPIGRAMMES, ÉPITAPHES
ET AUTRES VERS SATIRIQUES ET HISTORIQUES

Formé

Avec la Collection de Clairambault, de Maurepas

ET AUTRES MANUSCRITS INÉDITS

VIII

QUATRIÈME PARTIE

LE RÈGNE DE LOUIS XV

MADAME DU BARRY ET LE TRIUMVIRAT

1764-1774

Jeanne Begus
COMTESSE DU BARRY
1743 – 1793.

Rousselle. sc.   A. Quantin. Imp. Édit.

RECUEIL CLAIRAMBAULT-MAUREPAS

CHANSONNIER

HISTORIQUE
DU XVIIIᵉ SIÈCLE

Publié avec Introduction, Commentaire, Notes et Index

PAR

ÉMILE RAUNIÉ

ARCHIVISTE PALÉOGRAPHE

Orné de

Portraits à l'eau-forte par ROUSSELLE et RIVOALEN

PARIS

A. QUANTIN, IMPRIMEUR-ÉDITEUR

7, RUE SAINT-BENOIT

1883

INTRODUCTION HISTORIQUE

LE RÈGNE DE LOUIS XV

MADAME DU BARRY ET LE TRIUMVIRAT

LES *derniers mois de l'année* 1764 *furent marqués par un grave événement qui parut devoir mettre un terme aux querelles religieuses qui avaient si souvent troublé l'ordre public durant le règne de Louis XV, la suppression des Jésuites. Par un arrêt du 6 août* 1762, *le Parlement de Paris avait prononcé la dissolution de l'Ordre, et un édit du mois de février* 1763 *avait implicitement confirmé cette mesure. En dépit des protestations du clergé et du zèle déployé par l'archevêque de Paris, l'abolition de la Société s'imposait comme inévitable. Choiseul, qui dans le principe ne tenait pas à l'expulsion des Jésuites, se prononça contre eux dès qu'il les vit bannis par la plupart des Parlements, et fit signer à Louis XV un édit qui déclarait la congrégation supprimée dans toute l'étendue du royaume.*

Cette destruction précéda d'une année la mort du seul personnage dont la protection eût pu rendre un jour aux Jésuites la position qu'ils venaient de perdre, le Dauphin, fils de Louis XV. Ce prince, qui vivait à la cour comme dans une sorte de retraite, partageant son temps entre la lecture, les pratiques de dévotion et le commerce d'un petit nombre d'amis, mourut le 20 novembre 1765 d'un rhume de poitrine négligé. La nation, qui n'avait guère connu et aimé le Dauphin que depuis sa maladie, admira le courage paisible avec lequel il attendit sa dernière heure et les preuves d'affection qu'il donna à ceux qui l'entouraient; elle témoigna par les obsèques qu'elle lui fit des légitimes regrets que sa perte inspirait.

L'abolition des Jésuites sembla, tout d'abord, pour le Parlement un triomphe décisif et un titre à la reconnaissance publique, mais l'on ne tarda pas à revenir de cette opinion, surtout dans les provinces. La fermeture des nombreuses maisons d'éducation dirigées par la Société avait amené dans certaines villes une grande perturbation, et bien des pères de famille qui, eux-mêmes, avaient été élevés par les Jésuites, surent fort mauvais gré aux magistrats de leur zèle inconsidéré. Des griefs autrement graves ne tardèrent pas d'ailleurs à soulever l'opinion publique contre le Parlement : la condamnation de Lally-Tollendal et celle du chevalier de La Barre. Lally, qui s'était fait de nombreux ennemis aux Indes, durant son administration, résolut une fois rentré en France d'obtenir justice des accusations portées contre lui et alla se constituer prisonnier à la Bastille en dé-

mandant qu'on lui fît son procès. L'affaire, d'abord instruite au Châtelet, fut ensuite confiée par lettres patentes à la grand'chambre et après deux ans de débats à huis clos, Lally, auquel on avait refusé un défenseur, fut condamné à la peine capitale comme convaincu d'avoir trahi les intérêts du roi et de la Compagnie des Indes. L'indignation causée par cet arrêt inique s'accrut encore lors du jugement de La Barre. Ce jeune homme, victime des machinations odieuses d'un sieur de Saucourt, avait été accusé de sacrilège et condamné par le tribunal d'Abbeville à avoir la langue et la main droite coupées et à être brûlé vif. Le Parlement de Paris, appelé à se prononcer sur cette odieuse sentence, se borna à ordonner que l'accusé serait décapité avant d'être livré aux flammes, malgré le rapport du conseiller Pellot qui avait conclu à son absolution. L'exécution du chevalier provoqua une exécration générale et les philosophes, Voltaire entre autres, protestèrent hautement contre l'iniquité et le fanatisme des magistrats, qui ne devaient pas longtemps attendre leur châtiment.

En obtenant la suppression des Jésuites, le Parlement n'avait point d'ailleurs mis un terme aux querelles religieuses, comme il semblait le croire. Lorsque l'assemblée générale du clergé de France tenue en 1765 souleva une fois encore la question des sacrements en rappelant que la « Constitution était un jugement dogmatique de l'Église universelle », il se hâta de supprimer les Actes de l'Assemblée, et le Roi, pour prévenir de nouveaux désordres, dut prescrire un silence absolu sur ces questions par un arrêt du Conseil du 24 mai 1766.

Le pouvoir, en effet, se trouvait en présence de difficultés d'un autre ordre et dont les conséquences pouvaient être particulièrement à craindre. Depuis plusieurs années, la Bretagne tourmentée par le duc d'Aiguillon, son commandant, était dans un état de perpétuelle agitation. Les édits bursaux qui lui étaient imposés n'avaient été enregistrés par le Parlement de Rennes que sous réserve des droits, franchises et libertés de la province, et les magistrats avaient, en outre, dénoncé au roi dans d'énergiques remontrances les graves abus commis par le duc d'Aiguillon. Pour réduire le Parlement, d'Aiguillon projetait de s'appuyer sur les États; mais les trois ordres faisant cause commune avec les magistrats, lors de la session de 1764, éloignèrent toutes les discussions relatives aux impôts; et ce fut seulement au moment de se séparer qu'ils votèrent après quatre mois d'opposition un don gratuit de 700,000 livres.

D'Aiguillon se retrouva alors en présence du Parlement dont l'hostilité, encouragée et soutenue par les deux procureurs généraux, La Chalotais et son fils, ses ennemis personnels, menaçait de lui susciter les plus graves embarras. La Chalotais avait été chargé, comme syndic des États, de poursuivre l'annulation de l'enregistrement de l'impôt de deux sous pour livre que l'on avait subi l'année précédente. Bien que la cour fût en vacances, la Chambre chargée de tenir les vacations n'hésita pas à se prononcer et défendit la levée de cet impôt, sous peine de concussion, en invoquant le droit particulier de la Bretagne. Cette décision fut aussitôt cassée par un arrêt du Conseil; pour toute réponse le Parlement, qui venait de *reprendre ses séances, cessa de rendre la justice en réclamant l'annulation de l'arrêt. Le roi convoqua alors les magistrats à Versailles, les reçut avec hauteur, et leur enjoignit de reprendre leurs fonctions. Ceux-ci, revenus à Rennes, puisèrent dans leur irritation et dans la sympathie de la province des forces pour la résistance; ils convinrent d'un commun accord de donner leurs démissions et de siéger provisoirement en attendant la nomination de leurs successeurs. Les ministres de Versailles se montrèrent fort inquiets de la gravité de cet évènement dont ils attribuaient la responsabilité aux La Chalotais; d'Aiguillon, qui leur avait fait partager ses préventions contre ses adversaires, obtint alors que La Chalotais, son fils et quatre conseillers, fussent arrêtés et enfermés dans une forteresse comme instigateurs des troubles de la province. Une commission de douze maîtres des requêtes fut aussitôt chargée d'instruire leur procès. Mais le Parlement de Paris, qui vit dans cette création une atteinte portée aux droits et prérogatives de l'ordre judiciaire, protesta par un arrêt énergique contre l'établissement d'un tribunal* « du genre de ceux que tant de traits de l'histoire avaient dévoués à l'indignation publique ». *Le roi, irrité de cette opposition qui présentait un acte du pouvoir comme une violation flagrante des lois, alla tenir au Palais, le* 3 mars 1766, *la fameuse séance dite* « de la flagellation ». *Après avoir fait biffer sous ses yeux l'arrêt incriminé, il affirma avec vigueur les droits de la couronne, défendit aux magistrats de s'occuper d'une affaire qui ne les regardait point et les menaça de sévir s'ils persistaient à* se mettre en contradiction avec sa puissance souveraine. En même temps, et pour terminer cette malencontreuse affaire de Bretagne, il rappela les maîtres des requêtes, reconstitua le Parlement de Rennes, et dans une séance solennelle du Conseil des parties déclara qu'il ne serait point donné de suite à la procédure dirigée contre La Chalotais et son fils et qu'il se bornait à substituer pour eux l'exil à la prison.

Durant ces funestes et stériles dissensions, le duc de Choiseul, le seul des ministres qui fût à la hauteur de son rôle, honorait par son activité généreuse, quoique parfois téméraire, la triste fin du règne de Louis XV. « Ce ministre, dit un contemporain impartial, était capable d'assez grandes idées, il ne pouvait se plier aux détails minutieux; aussi possédant à la fois trois portefeuilles, il fut beaucoup plus brillant dans le ministère des affaires étrangères que dans ceux de la guerre et de la marine qui se composent de parties sèches et peu faites pour répondre à l'étendue de son esprit. Le militaire est cependant conduit par lui avec autant de sagesse que d'éclat, ainsi que la marine qu'il a vivifiée, mais il a trouvé mille secours dans l'enthousiasme qu'il a su inspirer à plusieurs personnes éclairées qui lui dévouent et leurs soins et leurs veilles, autant par attrait pour lui que par le désir de servir leur pays.

« Comme il se sentait des talents supérieurs, il avouait facilement dans les commencements de son ministère les fautes dans lesquelles sa précipitation l'avait engagé; mais il perdit de cette noble franchise lorsqu'une plus longue habitude du travail lui donna moins d'excuses *pour ses erreurs, et compromettait son amour-propre qui chez lui est poussé à l'excès.*

« *Naturellement jaloux, il dirige de son cabinet les travaux des généraux et des ambassadeurs. Jamais on ne l'entend louer publiquement ceux même qu'il aime le mieux; et sa politique secrète fut de n'en élever aucun au point de lui faire ombrage. D'après ce caractère, les sous-ordres ont toujours plus de pouvoir sur lui que beaucoup de gens qu'il aurait dû consulter. Un commis plein de talent ne pouvait jamais lui inspirer aucune inquiétude ; d'un mot il peut l'anéantir et sa besogne paraît naturellement la sienne... Il a des façons nobles, pleines de grâce ; sa confiance est extrême et cependant ne le préserve pas d'une sorte d'embarras facile à discerner. Personne n'a peut-être possédé autant que lui l'art de séduire. Il joint à une locution facile les grâces qui donnent ce charme nécessaire pour persuader. Toujours vivement entraîné par le moment, il est tellement pénétré du sentiment qui l'anime, qu'il le communique rapidement aux autres, ou qu'il abonde dans leur sens avec la même facilité, si c'est leur idée qui le frappe. Il résulte de cette disposition un agrément très rare pour tous ceux qui traitent des affaires avec lui, même pour ceux qui sollicitent des faveurs, d'autant plus difficiles à obtenir de son obligeance que l'entrée de son cabinet en est une très précieuse pour sa rareté... Inaccessible aux conseils, jamais il n'en a demandé, et lorsque l'intérêt, l'amitié, la reconnaissance ont forcé quelques-uns de ses amis à lui donner des avis, si par hasard il les suivait, c'était toujours avec l'affectation de ne point avouer qu'il les eût reçus, et cette affectation était quelquefois si maladroite qu'elle en devenait risible. Aussi sa présomption est poussée à l'extrême, et l'on aperçoit à chaque instant la différence infinie qu'il met entre lui et les autres hommes.* »

Après avoir assuré au dehors la tranquillité de la France par l'union des quatre branches de la maison de Bourbon, Choiseul s'efforça de la mettre en état de soutenir avantageusement une lutte, si les circonstances l'exigeaient ou le permettaient. Lorsqu'il obtint le portefeuille de la guerre, à la mort du maréchal de Belle-Isle (1761), auquel il réunit bientôt celui de la marine, il abandonna au duc de Praslin, son cousin, le département des affaires étrangères et consacra toute son activité aux réformes urgentes que nécessitait l'état de nos forces de terre et de mer. Il réorganisa l'armée en décrétant que toutes les troupes seraient désormais entretenues par le roi, en fixant une base unique pour la composition des régiments, en arrêtant les principes des exercices et de la manœuvre, en transformant l'artillerie et le génie, et en mettant un terme aux désordres et aux abus qui semblaient inséparables de l'organisation militaire. La flotte vit le nombre de ses vaisseaux augmenté par lui, les régiments d'infanterie de marine transformés, et les magasins pourvus d'abondantes munitions. Choiseul projetait encore de refondre la constitution vicieuse de l'armée navale, cause de nos récents désastres; mais sur ce point il avait à lutter contre trop d'intérêts pour triompher, et, dégoûté de l'opposition que l'on faisait à ses projets, il remit la marine au duc de Praslin et reprit les affaires étrangères. Il avait du moins fait preuve dans ses réformes administratives d'un esprit vraiment supérieur et mérité par là d'être regardé comme le grand ministre du règne de Louis XV.

Dans son vif désir de réparer les pertes que la puissance coloniale de la France avait éprouvées durant les dernières guerres, Choiseul se laissa séduire par une idée aventureuse et dont les tristes suites furent loin de répondre aux promesses magnifiques dont l'avaient bercé quelques intrigants. Il accepta le projet de former dans la Guyane un vaste établissement français qui devait donner au commerce et à la navigation une nouvelle activité et fournir à nos possessions d'outre-mer un point d'appui important. Mais l'expédition, mal organisée, fut encore plus mal dirigée; l'influence pernicieuse du climat, les maladies épidémiques qui décimèrent les colons, et la mésintelligence survenue entre le gouverneur et l'intendant de la colonie eurent bientôt consommé le désastre que le défaut d'ordre et de prévoyance avait préparé. Cette tentative irréfléchie n'eut d'autre résultat que de coûter la vie à douze mille hommes et trente millions de dépenses à l'État.

Choiseul fut plus heureux en Europe et il eut la gloire de réunir définitivement à la France la Lorraine et la Corse. En vertu des stipulations du traité de Vienne, la Lorraine fit retour à la France, en 1766, lors de la mort de Stanislas Leczinski. Cette pacifique conquête était l'unique fruit des guerres que Louis XV avait engagées et terminées avec un étrange désintéressement. L'annexion de la Corse ne fut pas aussi facile; il fallut l'opérer les armes à la main, bien qu'elle eût été en quelque sorte préparée de longue date. Dès l'année 1737, le cardinal Fleury, après s'être porté médiateur entre les habitants de l'île et les Génois dont ils étaient les sujets, avait envoyé le comte de Boissieux et le maréchal de Maillebois pour ramener les insulaires sous la domination de leurs maîtres. Vaincus, les Corses avaient accepté une amnistie et déposé les armes en 1739, mais pour les reprendre sept ans après, en même temps qu'ils adressaient au congrès d'Aix-la-Chapelle des plaintes énergiques contre l'oppression dont ils étaient victimes.

Comme le congrès n'avait prêté aucune attention à leurs griefs, ils proclamèrent, en 1755, Pascal Paoli général en chef de l'île, et, oubliant leurs dissensions intestines pour se rallier tous sous ses ordres, ils le chargèrent d'organiser la résistance. Menacée d'être définitivement expulsée de l'île, Gênes invoqua de nouveau l'appui de la France, que Choiseul lui promit pour quatre années par un traité du 7 avril 1764. Une armée française fut donc envoyée dans l'île pour y maintenir la domination génoise ; mais comme il était évident que tandis que la Corse arriverait à secouer le joug après l'expiration du traité, la République serait hors d'état de rembourser à la France les avances faites dans son intérêt, l'acquisition de l'île parut une mesure de sage politique. Pour sauvegarder, du moins en apparence, l'honneur de ses alliés, Choiseul leur offrit de conquérir la Corse et de la garder jusqu'à ce qu'ils eussent soldé les dépenses de guerre. Le Sénat génois comprenait tout le danger de cette proposition, qui devait avoir pour conséquence de le déposséder à bref délai; mais, comme en même temps il se sentait incapable d'assurer plus longtemps sa domination, il finit par consentir, et un traité conclu le 15 mai 1766 stipula au profit de la France une cession qui n'était provisoire que de nom. L'Angleterre, trop occupée en ce moment par ses luttes parlementaires, n'eut pas le loisir de protester; mais Paoli, qui avait eu connaissance du traité, quoique secret, et avait refusé toutes les avances faites par Choiseul pour obtenir sa soumission, se prépara à reprendre les armes. Choiseul sentit qu'il fallait se hâter. Marbœuf occupait déjà l'île avec sept mille hommes; on lui envoya un renfort de troupes sous les ordres du marquis de Chauvelin qui se fit battre à Borgo. Il fut aussitôt remplacé par le général de Vaux qui envahit la Corse à la tête de trente mille hommes; battit Paoli, l'obligea à se retirer sur le continent, et consacra sa victoire par la pacification complète de l'île (12 juin 1769). La conquête de la Corse prolongea de dix-huit mois le crédit de Choiseul qui par son intervention dans les affaires de Bretagne s'était aliéné le duc d'Aiguillon, dont le ressentiment devait être la principale cause de sa disgrâce.

L'expédient par lequel Louis XV avait terminé le procès des La Chalotais et des magistrats victimes des intrigues du gouverneur ne rétablit point le calme dans la province de Bretagne. Tandis que le nouveau Parlement, appelé par dérision le bailliage d'Aiguillon, s'était fait l'instrument docile des volontés de son protecteur, le clergé et le tiers état, travaillés par ses intrigues, semblaient disposés à tolérer son despotisme; la noblesse seule continuait son opposition et refusait le vote des impôts. Le duc, profitant de la division des États, était prêt à couronner ses abus d'autorité par l'enregistrement d'un règlement inique dont les dispositions insidieuses, en même temps qu'elles érigeaient en loi toutes les violences tentées par lui, devaient consommer la suppression des libertés de la Bretagne. Mais il n'en eut pas le temps : Choiseul, obéissant tout à la fois à des motifs de prudence, qui commandaient la modération envers une province si fortement agitée depuis quelques années, et à son antipathie pour le duc dont il redoutait l'ambition inquiète, représenta au roi les mouvements tumultueux qui devaient résulter dans la prochaine tenue des États de la discussion du règlement projeté par d'Aiguillon, et le décida à prendre les mesures nécessaires pour prévenir les troubles dont il lui dénonçait l'imminence. Louis XV se laissa convaincre et chargea le président Ogier, dont il appréciait l'esprit d'équité et de conciliation, de présider les séances des États. Dissimulant son ressentiment, le gouverneur essaya de fomenter de nouvelles dissensions pour faire échouer la mission du président. Mais les Bretons, heureux de reconnaître les dispositions bienveillantes dont on faisait preuve à leur endroit, donnèrent, dans leurs assemblées, le spectacle d'une parfaite concorde, et le président, revenu à la cour, dut faire l'éloge de leur modération ; Louis XV, comme Choiseul l'avait prévu, décida le remplacement de d'Aiguillon par le duc de Duras.

Les États avaient réclamé à diverses reprises le rappel de l'ancien Parlement de Rennes ; l'éloignement du gouverneur facilitait la réalisation de leur vœu qui reçut satisfaction. Le 11 juillet 1769, les magistrats dépossédés de leurs sièges et même ceux que l'on avait impliqués dans le procès des La Chalotais reprirent leurs fonctions. Mais la clémence du roi ne s'étendit pas aux deux procureurs généraux; tout en proclamant de nouveau leur innocence, il persistait pour des motifs secrets à les retenir en exil. La Chalotais et son fils, qui n'avaient pas cessé de demander des juges, s'adressèrent alors au Parlement, et celui-ci poussé par sa haine contre le duc d'Aiguillon, déclarait que dans une enquête dirigée contre les Jésuites, il avait eu l'occasion de se convaincre que l'ancien gouverneur avait provoqué, à l'endroit de ses adversaires de fausses dépositions. De leur côté, les états de Bretagne relevèrent, dans une adresse au roi, l'étrange anomalie qui existait entre l'innocence hautement reconnue des procureurs généraux et l'exil dont on les frappait. La cour, inquiète de tout ce bruit et désireuse d'en finir avec la Bretagne, envoya l'académicien Duclos auprès des La Chalotais, pour obtenir d'eux, en échange de concessions fort honorables, leur renonciation au jugement qu'ils sollicitaient; mais cette tentative n'eut aucun succès. Malgré son vif désir de mettre à couvert d'Aiguillon, le ministère ne pouvait cependant pas briser un Parlement le lendemain du jour où il venait de le rétablir; le duc se vit donc obligé de répondre personnellement aux attaques dirigées contre lui, mais les mémoires justificatifs qu'il rédigea ne firent aucune impression. Dès lors l'intérêt du gouverneur et la dignité des ministres qui l'avaient soutenu commandaient de laisser un libre cours à l'affaire et de laver d'Aiguillon par un arrêt solennel. Le Parlement de Paris fut convoqué à Versailles, le 4 avril 1770, pour y siéger comme Chambre des pairs; le roi vint lui-même présider la séance d'ouverture et l'instruction aussitôt ouverte se poursuivit en présence de Louis XV, qui continua pendant quelques jours à assister aux débats. Mais le procès prit bientôt une tournure imprévue; les juges se montraient de plus en plus sévères pour le duc et il devenait évident que la cour ne pourrait ni diriger la procédure ni imposer au tribunal le jugement qu'il désirait. Le chancelier Maupeou résolut alors de clore brusquement les débats, et dans un lit de justice tenu le 27 juin, il donna lecture de lettres patentes par lesquelles le roi, se fondant sur la partialité dont les magistrats faisaient preuve, annulait la procédure et déchargeait le duc d'Aiguillon de toute accusation. Profondément blessé de cette mesure qu'il considérait comme une offense à sa dignité et une atteinte à la justice, le Parlement déclara que le duc resterait privé des droits et privilèges de la pairie jusqu'à ce qu'il se fût purgé des soupçons qui entachaient son honneur; mais le Conseil du roi cassa cet arrêt, et, le 3 septembre, le chancelier alla prendre en personne au Parlement toutes les pièces du procès et faire biffer des registres les délibérations qu'il avait provoquées.

Si le duc d'Aiguillon fut ainsi arraché aux funestes conséquences que faisait présager l'enquête dirigée contre lui, et si le jour même où fut annulée la procédure, Louis XV le nomma du voyage de Marly et l'admit à l'honneur de souper avec lui, ce fut surtout grâce à la protection déclarée de la nouvelle maîtresse de Louis XV, Mme du Barry. Fille naturelle d'une aventurière, cette favorite, vouée au libertinage dès sa plus tendre jeunesse, avait rencontré dans les réunions d'une maison de jeu un roué de bas étage, le comte Jean du Barry. Frappé de sa beauté, du Barry, qui après avoir dissipé sa fortune, se livrait aux spéculations les plus diverses et les moins licites pour subvenir à ses prodigalités et à ses débauches, en fit sa maîtresse avec l'espérance d'en tirer utilement parti lorsqu'il trouverait une occasion et une dupe. Elles ne tardèrent pas à se présenter au gré de ses désirs. Louis XV, depuis la mort du Dauphin, semblait avoir renoncé aux scandales publics de sa vie; la fin prématurée de la Dauphine et la santé chancelante de la reine l'avaient maintenu dans ces sages dispositions. Mais lorsque la mort de Marie Leczinska l'eut laissé seul au milieu de ses filles et de ses petits-enfants, il revint insensiblement aux compagnons de sa jeunesse et aux cyniques distractions que lui procuraient jadis Richelieu et Lebel. Du Barry arrivait donc au moment propice : quelques mots échangés avec Richelieu lui inspirèrent la conduite à tenir; il intrigua fortement auprès de Lebel et obtint que le valet de chambre présenterait sa maîtresse au roi. Louis XV s'éprit d'elle, voulut la revoir et la fit venir plusieurs fois en secret à la cour. Lebel, effrayé du succès de sa démarche et de l'indignité de la liaison qu'il avait préparée, avertit le roi du passé de la jeune femme et lui représenta qu'elle n'était ni mariée ni titrée; Louis XV ordonna de la marier promptement. Du Barry, marié lui-même, ne pouvait devenir l'époux de son ancienne maîtresse, aussi choisit-il pour cet emploi l'un de ses frères, le comte du Barry, qui menait à Toulouse une existence crapuleuse. Le comte répondit docilement à l'appel qui lui était fait et, le 1er septembre 1768, il donna son nom à la femme qui devait durant quatre années régner aux côtés de Louis XV et consommer l'avilissement de ce prince.

Installée à Versailles, d'abord dans le logement de Lebel, puis dans celui de Mme Adelaïde, tout proche de l'appartement du roi, la favorite vécut quelque temps assez ignorée, le deuil récent de la reine imposant une certaine réserve. Mais les ennemis de Choiseul qui comptaient sur elle pour renverser le trop puissant ministre, avaient hâte de la voir présentée officiellement à la cour : le roi hésitait, surtout à cause de ses filles ; d'Aiguillon et Richelieu triomphèrent de ses scrupules. Le 22 avril 1769, la vieille comtesse de Béarn, dont le concours avait été acheté pour cette circonstance, présenta la comtesse au roi, à Mesdames, au Dauphin et aux enfants de France. L'élévation de Mme du Barry ne manqua pas de provoquer des tracasseries ; mais comme les contradictions rendaient la passion de Louis XV plus opiniâtre, on dut mettre un terme aux protestations. Les femmes titrées se laissèrent gagner par des promesses ou des faveurs qui flattaient leur ambition ; la maréchale de Mirepoix, la duchesse de Valentinois, la marquise de l'Hôpital, la princesse de Montmorency donnèrent l'exemple, qui fut bientôt suivi par les grands seigneurs et les princes du sang eux-mêmes.

Le duc de Choiseul resta seul à l'écart de la cour de

la favorite. Il avait d'abord regardé avec mépris l'intrigue ourdie par Richelieu, pour donner au roi une maîtresse déclarée, intrigue qui devait, croyait-il, aboutir à un simple caprice, et il répondit avec une dignité froide aux avances de la favorite désireuse de s'assurer son appui. Lorsqu'il comprit toute l'étendue de la passion allumée dans le cœur du roi, il était trop tard pour changer d'attitude. D'ailleurs il avait auprès de lui sa sœur, la duchesse de Grammont, qui avait un moment songé à jouer auprès du roi le rôle politique de Mme de Pompadour et ne pouvait se consoler de sa déconvenue. La duchesse engagea son frère dans une lutte acharnée contre Mme du Barry, lutte de railleries, d'épigrammes et de chansons satiriques qui atteignaient tout à la fois la comtesse et son royal amant, et elle l'obligea à tenir tête jusqu'au bout, c'est-à-dire jusqu'à la disgrâce. Le ministre tout-puissant qui avait dominé le roi et gouverné la France, vit son parti diminuer chaque jour, et les courtisans sur lesquels il croyait pouvoir compter se tourner contre lui. Le premier qui l'abandonna fut celui-là même qui lui avait voué en apparence le plus inviolable attachement et qui lui devait sa fortune, le chancelier Maupeou. Une autre créature de Choiseul, le contrôleur général Maynon d'Invault, qui venait de donner sa démission, fut remplacé par un protégé de Maupeou, l'abbé Terray. Terray entra ouvertement en guerre avec Choiseul, et tandis qu'il recourait aux expédients les plus divers pour subvenir aux dépenses du roi et de sa maîtresse, il ne craignait pas de reprocher au ministre ses prodigalités dans l'organisation de la nouvelle armée et de décider le roi à lui imposer des retranchements dans son administration. Enfin le duc d'Aiguillon, vers qui s'était tournée Mme du Barry, repoussée par Choiseul, avait repris faveur à la cour; il était devenu l'amant de la favorite, et tout entier à sa haine contre le ministre qui avait failli le perdre, ne cessait d'intriguer pour hâter sa disgrâce.

Choiseul que les menées de ses adversaires inquiétaient s'efforça de raffermir par un coup d'éclat son crédit chancelant. Il conclut l'union de l'héritier du trône, le Dauphin, petit-fils de Louis XV, avec l'archiduchesse d'Autriche Marie-Antoinette, fille de l'impératrice Marie-Thérèse. Ce mariage, célébré avec une magnificence inouïe, ne répondit pas aux espérances que le ministre avait conçues; la jeune Dauphine, malgré le vif intérêt qu'elle lui témoignait, ne pouvait rien pour lui; la faction de Mme du Barry avait pris soin de ruiner les dernières espérances du ministre en éloignant de la princesse la confiance du roi. Tandis que Choiseul, entraîné par son imagination, projetait les plus vastes desseins, Terray et Maupeou démontraient au roi l'impossibilité pour la France de s'engager dans une politique aventureuse alors que ses ressources financières étaient épuisées. Ils insistaient en outre sur le danger des relations que le ministre entretenait avec les Parlements, au moment même où les magistrats faisaient échec au pouvoir. De son côté, la favorite, poussée par eux et par d'Aiguillon, obsédait le roi pour obtenir le renvoi de Choiseul; Louis XV, fidèle à ses habitudes d'indécision, ne se pressait pas de prendre un parti. Il tenait surtout à son ministre parce qu'il le croyait seul capable d'assurer la paix au dehors; pour triompher de son hésitation on lui représenta que Choiseul préparait une guerre contre l'Angleterre, et il le sacrifia. Le 29 décembre 1770, une lettre de cachet exilait le duc à sa terre de Chanteloup; à peine connue, cette disgrâce provoqua les plus sympathiques manifestations, et la cabale odieuse qui avait renversé Choiseul contribua plus à l'éclat de sa renommée que tous les actes de son ministère.

Choiseul exilé, Maupeou et d'Aiguillon, animés d'une même haine contre le Parlement, travaillèrent d'un commun accord à sa ruine. Lorsque le roi avait fait enlever du greffe les pièces du procès, les Parlements de province s'étaient unis au Parlement de Paris pour protester contre cette intervention arbitraire. Maupeou, pour prévenir toute autre manifestation de ce genre, ordonna d'enregistrer, le 27 novembre 1770, un édit par lequel le roi blâmait sévèrement l'opposition des magistrats, et leur défendait de correspondre entre eux, hors les cas prévus par les ordonnances. Le Parlement fit des remontrances que le roi repoussa en prescrivant de nouveau l'enregistrement. Comme la cour répondit par d'itératives remontrances en protestant contre tout ce qui pourrait être tenté au préjudice des lois, un lit de justice fut tenu à Versailles, le 7 décembre, et l'édit dut être enregistré. Trois jours après, les magistrats députèrent le premier président auprès du roi pour le prier « de rétablir leur honneur et la constitution de l'État, ou de recevoir leurs démissions »; Louis XV se borna à leur ordonner de reprendre leurs fonctions, et cet ordre quatre fois renou-

velé n'obtint aucun succès. La disgrâce de Choiseul étant survenue sur ces entrefaites, le Parlement n'avait plus d'appui dans les conseils du roi; Maupeou en profita pour terminer la lutte par un coup décisif. Dans la nuit du 19 *janvier* 1771*, les mousquetaires apportèrent à chaque magistrat une lettre de cachet qui leur enjoignait de répondre* oui *ou* non *s'ils étaient résolus à continuer leur service. Presque tous refusèrent et furent aussitôt exilés par un arrêt du* 21 *janvier qui déclara leurs charges confisquées et commit le grand conseil pour les suppléer provisoirement dans leur office. A la nouvelle de ces mesures les Parlements de province s'émurent et protestèrent; il en fut de même de la cour des Aides et de la cour des Comptes; pour toute réponse, le chancelier fit enregistrer, le* 23 *février, un édit qui instituait, dans le ressort du Parlement de Paris, six conseils supérieurs, en justifiant les rigueurs déployées par la nécessité de supprimer la vénalité des charges, de réformer la procédure et de diminuer les frais de justice. Mais les Parlements de province refusant de reconnaître ces conseils, menaçaient de devenir un centre de résistance; Maupeou, décidé à briser leur opposition, les remplaça successivement, et à la fin de l'année* 1771 *la réforme de l'ancienne magistrature était accomplie.*

En dépit des protestations et des troubles provoqués par ce bouleversement, il faut reconnaître que la nation se montra généralement indifférente au sort des magistrats, qui depuis quelques années avaient notablement perdu dans l'estime publique; certaines provinces accueillirent même les nouveaux juges avec enthousiasme. Les princes du sang, après avoir protesté, assez mollement d'ailleurs, se laissèrent gagner par les promesses du chancelier et firent leur soumission en acceptant le nouvel ordre de choses.

Ce serait s'abuser que de voir, dans le coup d'État dont furent victimes les Parlements, une simple vengeance de d'Aiguillon et de Maupeou. Le procès du duc n'avait été qu'un prétexte, les véritables motifs étaient plus graves et d'un ordre plus élevé. Louis XV ne voulant ni restreindre ses dépenses ni déclarer la banqueroute, il devenait nécessaire de recourir sans cesse à de nouveaux expédients pour combler les vides du Trésor; mais l'enregistrement des édits bursaux risquait fort d'être sans cesse arrêté par les remontrances du Parlement. En matière financière, l'opposition des magistrats constituait donc, pour le pouvoir, un danger permanent; il en était de même sur le terrain politique et religieux. Le ministère, qui avait eu l'occasion d'épuiser toutes les mesures de rigueur et d'en apprécier la vanité, ne pouvait échapper à ses embarras présents et futurs que par un coup de force. Aussi la suppression du Parlement de Paris fut-elle résolue; mais l'indécision du roi eût peut-être retardé la solution sans l'intervention de Maupeou. Ennemi des parlementaires dont il se serait méprisé, le chancelier servit ses passions personnelles en débarrassant la royauté d'un adversaire gênant. Mais il frappa le Parlement de Paris sans plan préconçu, et, s'il étendit ses coups, ce fut à proportion que la résistance se développait, et la réforme générale qu'il opéra devint surtout le résultat des circonstances. Quant aux principes qu'il mit en avant pour dissimuler l'iniquité de ses actes, ce furent de simples palliatifs qui, pour la plupart, restèrent sans résultats.

Le renvoi de Choiseul n'avait pas eu pour conséquence immédiate l'arrivée du duc d'Aiguillon au ministère; tandis que le département de la guerre était donné au marquis de Monteynard, l'abbé Terray était chargé par intérim de la marine, qu'il abandonnait peu après à M. de Boynes. Mais Mme du Barry n'oubliait pas son ami, qui sans titre effectif dirigeait cependant toutes les affaires de l'État, et dès le mois de juin elle le fit nommer au ministère des affaires étrangères. Les cours d'Europe dont les vœux rappelaient toujours Choiseul ne l'accueillirent qu'avec répugnance. Il rompit d'ailleurs avec la politique de son prédécesseur et n'eut pas à s'en féliciter. Le crédit de la France au dehors baissa si rapidement que, moins d'une année après, lors de l'écrasement de la Pologne, le traité conclu entre les puissances copartageantes ne fut communiqué à la France qu'après sa mise à exécution. Louis XV s'écria, dit-on, en apprenant cet odieux partage : « Si Choiseul eût été là, cela ne serait pas arrivé. » C'était rendre une tardive justice au ministre disgracié. D'Aiguillon toutefois eut l'honneur de contribuer par ses conseils à la révolution que le jeune roi de Suède accomplit pour faire sortir son pays de l'anarchie, mais il évita de lui prêter un concours effectif. Ce que le roi et Mme du Barry souhaitaient par-dessus tout, c'était le maintien de la paix, et la politique extérieure du ministre désireux de se maintenir en faveur n'avait pas d'autre objectif.

Le contrôleur général était dans une situation plus embarrassante; les difficultés financières auxquelles il s'était heurté dès son arrivée au ministère, loin de s'aplanir, devenaient chaque jour plus insurmontables. Les prodigalités du roi, les dépenses de la famille royale, les gaspillages de la maîtresse, les faveurs pécuniaires accordées à ses protégés épuisaient le Trésor et obligeaient Terray à imaginer les expédients les plus iniques pour se procurer de l'argent. Aussi la nation fut-elle amenée à le considérer comme l'auteur de tous ses maux, bien qu'il eût adressé à diverses reprises de sages remontrances au roi sur la nécessité de se montrer économe et d'éviter les mesures fiscales dont il sentait mieux que personne le danger et l'inutilité.

Quant au chancelier Maupeou, il ne fut guère plus heureux que son collègue Terray et vit le Parlement institué par lui couvert de ridicule et de honte à l'occasion d'un procès scandaleux qui passionna la France entière. Le fils d'un horloger de Paris, Caron de Beaumarchais, qui avait acheté une charge de secrétaire du roi, eut un différend d'intérêts avec le comte de La Blache, neveu et héritier du fameux Pâris-Duvernay, qui refusait de reconnaître un règlement de comptes accepté par son oncle. L'affaire fut portée, le 14 mars 1772, devant les Requêtes de l'hôtel; Beaumarchais obtint gain de cause, et le comte appela de la sentence à la grand'chambre du Parlement. Beaumarchais voulut aller solliciter ses nouveaux juges; mais comme son rapporteur, Goëzman refusait de le recevoir, il se décida, suivant le conseil du libraire Lejay, à s'adresser à la femme du conseiller;

200 *louis et une montre pour la dame*, 15 *louis pour le secrétaire furent le prix d'une audience qui n'empêcha point le solliciteur de perdre son procès deux jours après. La dame restitua les* 200 *louis, comme il avait été stipulé en cas d'insuccès, mais garda les* 15 *louis et la montre; Beaumarchais, irrité de sa déconvenue, les réclama à M*^{me} *Goëzman qui nia avoir rien reçu, et Goëzman intervenant à son tour accusa le plaignant devant le Parlement de calomnier la femme d'un juge après avoir vainement essayé de la corrompre. Effrayé d'un procès criminel qui devait être jugé par les confrères de son adversaire, Beaumarchais résolut d'en appeler à l'opinion et rédigea ces fameux mémoires, chefs-d'œuvre de verve et d'ironie, qui obtinrent une vogue immense. Ce citoyen intrépide, qui entrait en lutte avec le pouvoir et ses magistrats et qui dénonçait leurs abus, devint l'idole d'un public secrètement travaillé par les défenseurs des anciens Parlements. Aussi l'arrêt prononcé contre lui n'eut-il d'autre résultat que de provoquer une ovation de la foule à son endroit, tandis que le prince de Conti et le duc de Chartres, donnant une fête en son honneur, protestaient hautement contre des juges victimes d'une déconsidération méritée.*

Tel était l'état du pouvoir abandonné par le roi aux mains du Triumvirat: honte et misère à l'intérieur, abaissement et mépris au dehors. Louis XV n'avait d'ailleurs rien à reprocher à ses ministres; absorbé par sa sénile passion pour Mme *du Barry, il oubliait auprès de cette favorite éhontée le respect qu'il devait à sa couronne et à ses enfants. Et la favorite, insouciante autant* que prodigue, puisait à son gré dans le *Trésor public* pour satisfaire à ses coûteuses fantaisies, sans s'inquiéter des malheurs de la nation. La mort de Louis XV mit un terme à ces turpitudes. Atteint d'une maladie terrible, le 28 avril 1774, le roi fut aussitôt saisi de la petite vérole et douze jours après il succombait au milieu de l'indifférence de ses courtisans et du mépris de ses sujets. Son cadavre, que gardèrent seulement les gens nécessaires au service, fut enfermé à la hâte dans un cercueil de plomb et transporté au galop à Saint-Denis, dans un carrosse de chasse escorté d'une vingtaine de pages et de palefreniers, tandis que, le long de la route, la populace attablée dans les cabarets saluait par des railleries et des quolibets le passage de cet indécent convoi.

Frédéric II, qui savait apprécier ses contemporains, a résumé brièvement son opinion sur Louis XV : « Un homme, disait-il, qui vit dans la dissipation, qui n'emploie pas un seul moment de sa vie à réfléchir, croit ce que les gens qui l'environnent lui disent et agit en conséquence. » Rien n'était plus exact que cette appréciation méprisante ; les maux que la France était en droit d'imputer à son souverain n'avaient d'autre cause que l'égoïsme dont il fit toujours preuve. Sans cesse dominé par son entourage, qui exploitait son apathique indifférence, il laissa proscrire les Jésuites, supprimer les Parlements, piller le Trésor et détruire les dernières libertés des provinces sans s'émouvoir des protestations et sans se préoccuper des conséquences. « Cela durera bien autant que moi, » disait-il, et cette pensée suffisait à le rassurer. Il ne montra ni plus de sagesse ni plus de pré-

voyance dans sa vie privée, dont les scandales ruinèrent le prestige de la royauté. Un mot piquant d'une courtisane célèbre, Sophie Arnould, a caractérisé l'avilissement de son règne; lorsqu'elle apprit la mort du prince et la retraite de Mme du Barry, elle dit simplement :
« Nous voilà donc orphelins de père et de mère. »

ANNÉE 1764

NOËLS POUR L'ANNÉE 1764

De Jésus la naissance
Fit grand bruit à la cour,
Louis en diligence
Fut trouver Pompadour :
Allons voir cet enfant, lui dit-il, ma mignonne. —
Eh ! non, dit la marquise au Roi,
Qu'on l'apporte tantôt chez moi,
Je ne vais voir personne.

Cependant la nouvelle
Gagnant de tout côté,
Le fils de la Pucelle
De tous fut visité.
D'arriver des premiers, un chacun se dépêche.
Le Roi, la Reine, et leurs enfants
S'en vont tous, chargés de presents,
L'adorer dans la crèche.

Les chanceliers de France [1]
(Car il s'en trouva deux)
Pour droit de préséance
Eurent dispute entre eux :
C'est à moi, dit Maupeou, qu'est la chancellerie :
Qui pourrait me la disputer ?
On sait que j'ai pour l'acheter
Vendu ma compagnie.

Doué d'un esprit rare,
Mais mordant comme un chien,
Près des gens à simarre
On aperçut d'Ayen [2].
Pourquoi donc, messeigneurs, dit-il, entrer en lice ?
Grâce au Conseil sage et prudent,
Entre vous deux tout incident
Est sauvé par un vice.

Rempli de son mérite,
Entrant le nez au vent,
Choiseul parut ensuite,
Et d'un ton turbulent
Dit sans aucun égard : Changeons cette cabane,
Je veux culbuter tout ici [3] ;

1. Lamoignon, chancelier, retiré à Malesherbes, et Maupeou, vice-chancelier et garde des sceaux. (M.)
2. Le duc d'Ayen, capitaine des gardes du corps en survivance du maréchal de Noailles, son père. (M.)
3. Choiseul, ministre de la guerre, avait fait une réforme qui était tombée sur les anciens officiers. (M.)

Année 1764.

Je réforme le bœuf aussi,
    Et je conserve l'âne.

    En sa simple manière
    Joseph dit à Praslin [1] :
    Défendez ma chaumière
    Contre votre cousin.
Au moins, de son projet que l'effet se retarde ;
    Songez que je suis étranger,
    Et que, devant me protéger,
    La chose vous regarde.

    Praslin dit : Toute affaire
    Est de l'hébreu pour moi ;
    Ils m'ont au ministère
    Mis sans savoir pourquoi.
Ainsi je n'y fais rien que porter la parole :
    Le duc et sa sœur [2] règlent tout ;
    Mais d'elle vous viendrez à bout
    Avec quelque pistole.

    Ne se sentant pas d'aise,
    Bertin [3] dit en entrant :
    Qu'on me donne une chaise,
    Je veux bercer l'enfant.

---

1. Ministre des affaires étrangères qui ne se soutenait que par son cousin. (M.)
2. La duchesse de Grammont. (M.)
3. Ci-devant contrôleur général, devenu secrétaire d'État sans département. (M.)

Je suis ministre en pied, mais je n'ai rien à faire,
  Et pour occuper mon loisir,
  Seigneur, je compte vous offrir
   Mon petit ministère.

  N'ayant de confiance
  Qu'au poupon nouveau-né,
  De Laverdy[1] s'avance
  D'un air tout consterné,
Disant : Puisque d'un mot vous levez tout obstacle,
  Jésus, je me livre à vos soins ;
  Pour subvenir à nos besoins,
   Il me faut un miracle.

  Courtisan sans bassesse,
  Citoyen vertueux,
  D'Estrées[2] fendit la presse,
  Et dit au roi des cieux :
Veillez sur ma patrie, elle m'est toujours chère.
  Au Conseil, sans ménager rien,
  Tous mes avis tendent au bien,
   Mais on ne les suit guère.

  Nivernois[3] prit sa place,
  Apportant deux bouquets

---

1. Conseiller au parlement, devenu contrôleur général. (M.)

2. Il s'est retiré du Conseil en 1769 et il est mort dans les premiers jours de l'année 1771. (M.)

3. Duc et académicien, il venait de signer la paix à Londres. (M.)

De lauriers du Parnasse
Et d'oliviers de paix ;
Puis, d'un air gracieux, à Jésus il les donne.
L'enfant dit : Je reçois ce don ;
Mais c'est pour orner votre front
D'une double couronne.

Dans un coin de l'étable,
Entendant du débat,
Quelque homme charitable
Vint mettre le holà.
C'était de Beaufremont[1], venu de sa province,
Pressant un page de Melchior,
Qui refusait cent louis d'or
De cet aimable prince.

En coudoyant la foule,
Le marquis de Puysieux[2]
A grand'peine se coule
Auprès du fils de Dieu ;
Pour regarder l'enfant, ayant mis ses lunettes :
Enfin, dit-il, je vois le cas :
Pourtant la nouvelle n'est pas
Mise dans ma gazette.

---

1. Il lui était arrivé une aventure avec un page qui avait fait du bruit. Il fut éloigné de la cour pour avoir voulu violer un suisse dans les appartements de Versailles. (M.)

2. Il est rentré au Conseil et s'en est retiré sans disgrâce. (M.)

Richelieu, plein de grâce,
Apportait au poupon
Des vers dignes d'Horace
Et du miel de Mahon.
Enchanté de le voir, à l'entendre on s'arrête :
Mais voyant Marie à l'instant,
Il laisse là son compliment
Pour lui conter fleurette.

Lugeac[1], pour toute antienne,
Dit d'un ton impudent :
Il faut à la prussienne
Élever cet enfant ;
Il aura, comme moi, le cœur impitoyable.
Joseph dit, en bouchant son nez :
Mon beau seigneur, quand vous parlez,
Vous infectez l'étable.

Écumant de colère,
Lugeac vit en sortant
L'amour du militaire,
Monteynard et Bréhant[2] ;
Avec eux Talaru se tenait à l'entrée :
Approchez-vous, leur dit Jésus,

---

1. Colonel des grenadiers à cheval ; il avait été juge et avait fait sa fortune par les femmes. — D'abord page du Roi et exempt des gardes, il avait été blessé d'une balle qui lui traversa la bouche et qui a occasionné sa mauvaise haleine. (M.)

2. Inspecteurs généraux. (M.)

Vous serez toujours bienvenus,
Ici comme à l'armée.

Un certain Surlaville[1],
Espèce de commis,
Se trouvant à la file,
D'un air bas et soumis
Dit : Jésus, vous voilà dans un pauvre équipage,
Mais je suis né plus indigent,
J'ai fait fortune sans talent :
Jésus, prenez courage.

Un homme d'importance
(C'était monsieur Dubois)[2],
Fort bouffi d'impudence,
Dit en haussant la voix :
De ma visite ici, Seigneur, tenez-moi compte ;
Car à ma porte plus d'un grand
Vient se morfondre en attendant,
Sans en rougir de honte.

Du fond de la masure
On voit dans le lointain
Une courte figure,
C'était Saint-Florentin :
Il me fait, dit Joseph, une peur effroyable ;

1. Maréchal des camps qui a donné le projet de la nouvelle formation. (M.)
2. Premier commis du bureau de la guerre. (M.)

Dans ses mains je vois un paquet,
C'est quelque lettre de cachet
Pour sortir de l'étable.

Sur son abord sinistre
On ne se trompait pas :
Je viens, dit le ministre,
Pour un très fâcheux cas ;
La cour vous a donné l'Égypte pour retraite :
Au Roi cet exil a déplu ;
Mais la marquise l'a voulu,
Sa volonté soit faite !

En robe détroussée,
La cour de Parlement
D'une manière aisée
Vient saluer l'enfant.
Venez-vous, dit Jésus, faire des remontrances ?
Je sais que vous parlez des mieux ;
Mais, tenez, je suis par trop gueux :
Arrangez mes finances.

Avec l'air de mystère,
Le premier président [1]
Offre d'un ton sincère
Son entier dévouement.
Le poupon dit tout bas : Qui s'y chauffe, s'y grille;
Je ne sais s'il dit vérité ;

---

1. Le vice-chancelier Maupeou. (M.)

Mais il a l'air de fausseté :
C'est vice de famille.

Le chef de l'écurie,
Disposant des courriers
Au gré de son envie,
Arrive des premiers.
Place ! c'est Beringhem ! faites place, canaille !
Le bœuf, entendant ce fracas,
Dit à Joseph : Qu'il n'entre pas,
Il mangerait ma paille.

On vit bientôt paraître
L'évêque d'Orléans [1].
Jésus lui dit en maître :
Paillard ! sors de céans ;
Tu n'y rencontreras ni nièce ni bergère ;
Nous pensons ici pieusement,
Nous y vivons très chastement ;
Vierge même est ma mère.

De cette remontrance
Le prélat peu contrit,
Sans nulle repentance
Répond à Jésus-Christ :
Mais c'est pour les pécheurs que vous venez sur terre :
Prenez ce sucre de Poissy [2] :

1. De Jarente, qui avait la feuille des bénéfices. Il fut exilé en même temps que le duc de Choiseul. (M.)
2. Il a fait une nièce abbesse de Poissy, et passe pour

Vite ! que j'emporte d'ici
Indulgence plénière.

Il vient une grisette
Avec ce prestolet,
Portant une galette
Et des œufs et du lait,
Disant : De vous, Seigneur, ce présent n'est pas digne,
Mais nous vivons comme au vieux temps,
Nous couchons avec nos parents,
A Paris, comme à Digne.

Conduit par la cabale,
Beaumont vient présenter
Sa lettre pastorale
Si l'on veut l'écouter :
Jésus, c'est en faveur de votre compagnie,
Dont on vous prive injustement,
Que je soutiendrai fermement
Aux dépens de ma vie.

Je pars en diligence,
La rougeur sur le front,
De voir toute la France
Menée par le Poisson ;
Car son air insolent ne respecte personne,
Broglio pour elle est exilé,

coucher avec une autre à laquelle a trait le couplet suivant. (M.)

Dieu même a reçu son congé,
Rien de cela n'étonne.

Joseph dit, sans l'entendre :
Vous êtes entêté
De prétendre défendre
Cette société.
J'ai lu de Berruyer une histoire profane,
Et j'ai vu les assertions ;
Et j'aime mieux pour compagnons
Notre bœuf et notre âne.

Monseigneur l'archevêque
Est donc enfui, parti ;
Il faut bien peu de tête
Pour prendre tel parti.
Indisposer Louis et fatiguer un pape,
Pour qui ?... Pour des amis bannis,
Qui le bercent d'un paradis
Et lui donnent la Trappe.

On vit un profil sombre
Sur le mur de ce lieu,
Qui bientôt comme une ombre
Disparut à nos yeux.
La bouillie à l'enfant cet homme voulait faire ;
Il était expert en ce cas,
En ayant fait pour tous les chats
Pendant son ministère.

Un grand plein de franchise [1],
Portant croix de Saint-Louis,
De peur du vent de bise
Se tenait loin de lui.
La foule le cachait : je ne vis point de tête,
Mais je vis un bras valeureux,
Une main pour les malheureux
A s'ouvrir toujours prête.

En dépit des bourrades,
Un autre s'avançait :
C'était mons de Contades,
Qui beaucoup s'empressait.
Laissez-moi donc passer, disait-il, je vous prie :
De par Jésus fait maréchal,
Ne suis-je pas le général
De la Vierge Marie ?

En rochet, en soutane,
Vint Monsieur de Paris,
Qui d'abord fit à l'âne
Un gracieux souris.
Jésus, l'apercevant, lui dit presque en colère :
A la Trappe retirez-vous ;
L'âne est bien moins têtu que vous,
Il a cessé de braire.

Certain prélat s'avance,
Et dit en provençal :

1. M. de Soubise. (M.)

Seigneur, ici l'on pense
Que je fais bien du mal :
Je me moque de tous ! j'ai rempli ma besace;
J'en ai donné, j'en ai vendu,
J'en ai troqué, j'en ai f...
Et je garde ma place.

Sous un habit modeste,
Un inconnu botté
Vient d'un air très funeste,
Un poignard au côté.
Jésus, l'apercevant, s'écrie : Vite ! vite !
Quittons ce lieu, sauvons-nous tous,
Pour nous garantir de ses coups :
C'est Ricci le jésuite.

Arriva dans l'étable
Un gros homme tout rond[1],
Montrant un air capable.
Avec son grand cordon.
Joseph, le regardant, dit d'un ton des plus âcres :
Ah ! major de Biron, don, don,
Allez à l'Opéra, là, là,
Faire ranger les fiacres.

Sous un dehors honnête,
Le prince de Conti
Vint offrir une fête

---

1. M. de Cornillon, major des gardes françaises. (M.)

Au père ainsi qu'au fils.
Joseph, le regardant, s'écria : Méchant prince,
Votre orgueil est assez connu ;
Dans votre Temple à la vertu
L'hommage est assez mince.

La Marche vint ensuite
Exalter à l'enfant
Son talent, son mérite,
Son mécontentement.
Au bon Jésus il dit le diable de sa femme;
Mais Joseph lui répondit :
Allez, quand on a de l'esprit,
On évite le blâme.

Wurmezer [1], tout de glace,
Affectant le distrait,
Dit qu'on lui fasse place
Près de Martin baudet.
J'aime, lui dit Jésus, qu'on se rende justice ;
Vous resterez auprès de nous :
Mon baudet apprendra de vous
A faire l'exercice.

Le marquis de Poyanne [2],
Le chapeau retapé,

---

1. Officier qui a eu beaucoup de part au nouvel exercice. (M.)
2. Colonel des carabiniers, inspecteur de cavalerie. (M.)

Fit un salut à l'âne,
Car il s'était trompé.
Joseph dévotement, quittant sa patenôtre,
Dit, pour excuser ce seigneur :
C'est la coutume, mon Sauveur,
Qu'un âne gratte l'autre.

Brissac l'incomparable,
Espèce de héros,
En style inimitable
Raconte ses travaux ;
Mais quand il eut vanté ses exploits militaires,
Ses hauts faits, partout inconnus,
Au Roi ses services rendus,
On lui dit de se taire.

Soubise, dans la presse,
S'approche du berceau,
Et, malgré sa noblesse,
Joseph lui dit tout haut :
Vous êtes maréchal, et vous vous dites prince,
J'en suis charmé pour vos neveux ;
Mais, malgré vos titres pompeux,
Votre Altesse est trop mince.

L'Hôpital vient ensuite [1]
Pour adorer l'enfant ;
Les Grâces à sa suite

1. Maîtresse du prince de Soubise. (M.)

Lui portaient un présent :
Emportez vos bijoux, lui dit la Vierge mère;
Comme Soubise en fait les frais,
Vous pouvez garder ses bienfaits :
L'offrande est mercenaire.

Je suis, sans être vaine,
Dit la prude Marsan,
Princesse de Lorraine,
Et, qui plus est, Rohan.
Je viens pour proposer à Joseph, à Marie,
Une fille de ma maison,
De peur que le divin poupon
Un jour se mésallie.

De Luxembourg s'avance
D'un air très consterné,
Demande en survivance
Coigny au nouveau-né :
Je puis sans en rougir faire cette prière.
Jésus lui dit avec bonté :
Qu'importe ici la qualité ?
Tous les hommes sont frères.

Au seul nom de pucelle
Vint Monsieur d'Orléans,
Qui, pour plaire à la belle,
Brûle beaucoup d'encens.
De Foix[1] lui dit : Seigneur, quittons cette chaumine;

1. L'abbé de Foix, m..... de l'évêque d'Orléans. (M.)

Avec l'argent bénédictin
Je vous promets chaque matin
Une beauté divine.

Courant à perdre haleine,
Bouret vient à la cour
Offrir de Croix-Fontaine
L'admirable séjour :
Le pavillon du Roi, qu'il nomme ma folie.
Louis n'en ayant pas voulu,
Jésus sera le bienvenu
Avec sa compagnie.

Le Duvernay s'avance :
Pour tout ce monde-là
S'il faut la subsistance,
Bourgade y pourvoira.
Mais s'il plaît quelque jour à notre ministère
De vouloir l'enfant rappeler,
J'offre, pour le faire élever,
L'École militaire.

Sur les pas de Vandière
Arrive Gabriel[1]
Et son fameux confrère,
Cordon de Saint-Michel ;
Il faut, dit le marquis, que vous veniez, ma bonne,
Pour voir la salle d'Opéra. —

1. Célèbre architecte. (M.)

Vous vous moquez, on m'y verra. —
Non, l'on n'y voit personne.

Escorté de sa fille,
Duras [1] dit en entrant :
Faisons une quadrille,
Pour amuser l'enfant ;
Aux plaisirs de la cour je borne mon service.
De bals Paris est ennuyé ;
Mais des miens je suis bien payé
Par un bon bénéfice.

D'un ton d'impertinence,
D'un orgueil menaçant,
De Sartine [2] s'avance :
Où donc est cet enfant ?
Qui pourrait devant moi connaître cette affaire ?
La police est en mon pouvoir ;
Il est ainsi de mon devoir
De visiter la mère.

Méditant un cantique,
Arrive Pompignan,
Qui, d'un ton emphatique,
Fait un long compliment.
Son éloquence endort et le fils et sa mère. —

1. Un des premiers gentilshommes de la chambre du Roi. (M.)
2. Lieutenant général de police. (M.)

Joseph réveille cet enfant :
Je viens pour lui montrer comment
　Il faut prier son père [1].

　Dumesnil de Grenoble [2]
　Arrive avec hauteur ;
　Quoiqu'il ne soit pas noble,
　Il fait le grand seigneur.
　La Vierge le regarde
　Et Joseph dit tout bas :
　Dites-lui qu'il nous carde
　Un petit matelas.

　Fitz-James [3] vient ensuite,
　Et dit : De par le Roi,
　Que l'enfant et sa suite
　Restent chacun chez soi.
　Si c'est une sottise,
　Le Roi s'en chargera,
　Et pour qu'on l'autorise,
　Mon corps s'assemblera.

　Un enfant de Florence,
　Le marquis du Terrail,
　Tout bouffi d'arrogance
　Se présente au bercail.

1. Il était l'auteur de la *Prière du Déiste*. (M.)
2. Le comte Dumesnil, inspecteur général, que l'on disait petit-fils d'un cardeur de matelas. (M.)
3. Commandant en Languedoc. (M.)

Comme on vit qu'il tremblait, Jésus lui dit : Bon homme,
  Plutôt que de vous marier,
 Vous feriez beaucoup mieux d'aller
  Vous chauffer à Sodome [1].

PLACET A M. DE MARIGNY [2]

Protecteur des beaux-arts et de leur gloire antique [3],
Daignez être le mien dans ce triste moment.
Je vois tomber ma sœur dans le débordement,
  Et pour lors adieu la boutique.
Sa réputation, dont le vernis est beau,

[1]. Les noëls ci-dessus sont formés, comme la plupart de ceux que nous avons déjà publiés, de séries de couplets composés isolément. Nous avons pu les reconstituer à peu près intégralement, sans élaguer les répétitions, et les classer dans l'ordre le plus naturel à l'aide des divers textes fournis par les recueils manuscrits.

[2]. Le marquis de Marigny était depuis 1751 directeur général et ordonnateur des bâtiments royaux.

[3]. « Voici des vers que M. l'abbé de Voisenon a faits pour son ami Caillau ; ils sont d'une plaisanterie rare et d'un ridicule à perpétuer. La pièce est adressée à M. de Marigny : on y demande une place pour la sœur de ce comédien, marchande obligée de quitter sa demeure sur un pont, dans le temps de l'inondation.

  Interdumque bonus dormitat Homerus! »

(*Mémoires de Bachaumont*).

Est tout près d'aller à vau-l'eau.
Je ne puis soutenir cette cruelle idée,
  Et son mari deviendra fou
  De voir sa femme débordée,
Ne pouvant garantir son plus petit bijou.
Vous pouvez la sauver de ce danger terrible.
Trouvez-lui quelque coin dans le palais des Rois.
Nous consentirions même à monter sur les toits
Pour publier le trait de votre âme sensible.
  Le sentiment augmentera ma voix ;
   Mes accents seront des offrandes,
  Et j'obtiendrai des dieux que sous vos lois
Vous ayez en détail tout le corps des marchandes.

LA NOUVELLE HELOÏSE [1]

Le triste amant de Julie,
Bel esprit et beau diseur,
Suivant la règle établie,
Était un mauvais f.....

[1]. *Julie ou la Nouvelle Héloïse*, de J.-J. Rousseau, dont la première édition avait paru à Amsterdam (1770, 6 vol. in-12) et que l'on réimprima à Paris en 1761 (7 vol. in-12), fut l'objet de critiques très vives. « Vous trouverez, écrivait Grimm, dans *la Nouvelle Héloïse*, l'amour du paradoxe avec le fiel et le chagrin dont son auteur est obsédé. Tout le monde peut s'apercevoir de l'absurdité de la fable, du

Une ennuyeuse éloquence
Règne dans tous ses propos;
Les femmes aiment en France
Plus d'effets et moins de mots.

Amour, au siècle où nous sommes,
En dépit des tendres lois,
Faut-il lire dans six tomes
Qu'on n'a f..... que deux fois?

Si ces modes étrangères
Prévalent sur tes leçons,
C'est tant mieux pour les libraires,
Mais c'est tant pis pour les c...

Vous y fûtes attrapées,
Belles dames de Clarans,
Si Saint-Preux vous a trompées,
Il n'est plus de sûrs garants.

Il avait, comme on renomme,
Taille, voix, barbe au menton,
Au coup d'œil, c'était un homme,
A l'épreuve un avorton.

Votre glacé Moscovite
N'efface pas son rival,

défaut de plan et de la pauvreté de l'exécution qui rendent ce roman, malgré l'emphase de son style, un ouvrage très plat. » (*Correspondance littéraire*.)

C'est, malgré tout son mérite,
Tomber de fièvre en chaud mal.

Du moins Saint-Preux, par adresse,
Causait quelque douce erreur;
Mais l'autre est tout d'une pièce,
Sans art, comme sans chaleur.

Le seul trait qui peint notre âge
C'est lorsque le bon Wolmar,
Assuré du cocuage,
Prend la chose en bonne part.

Du trait de ces belles âmes
Profitez, jeunes époux;
Et quand nous b...... vos femmes,
Ne soyez jamais jaloux.

De ce charmant Élysée
Ne vante plus les douceurs;
La morale tempérée
Y germe parmi les fleurs.

C'est en vain qu'on y raisonne;
Apprenez, couple imparfait,
Qu'on dogmatise en Sorbonne
Et qu'on f... dans un bosquet.

Viens, suis-moi, charmante Flore,
Dans ce bosquet enchanté;

Jouissons-y dès l'aurore
Des vrais biens de la santé :

Il est couvert de ténèbres,
Nous le remplirons de feux ;
Les beaux esprits sont célèbres,
Les f..... seuls sont heureux.

ÉPITAPHES

DE

MADAME DE POMPADOUR [1]

I

CI-GIT d'Étiole et Pompadour,
Qui charmait la ville et la cour ;
Femme infidèle et maîtresse accomplie,
L'Hymen et l'Amour n'ont pas tort [2],

1. Mme de Pompadour mourut à Versailles dans les petits appartements du Roi, le 15 avril 1764, et fut inhumée le lendemain à Paris, dans l'église des Capucines de la place Vendôme, où elle avait acquis de la famille de La Trémouille un caveau dans lequel reposaient déjà sa mère et sa fille Alexandrine.
2. « On doit bien s'attendre que le tombeau de Mme de Pompadour sera un objet d'hommages et de satires. L'épitaphe suivante remplit l'un et l'autre objet : on la feint

Le premier de pleurer sa vie,
Le second de pleurer sa mort.

Pleurez, Grâces, pleurez, Amours,
Sur le tombeau de Pompadour ;
Elle meurt et laisse la France
Entre la crainte et l'espérance.

Ci-gît qui fut vingt ans pucelle,
Quinze ans catin, et sept ans m.......[1].

Ci-gît la fille d'un laquais,
Qui vint à bout, par ses attraits,
D'être marquise et pas duchesse.
A cette âme noire et traîtresse
Louis remit aveuglément
Les rênes du gouvernement.
On en murmura hautement ;

écrite au bas de son buste ; à côté sont l'Hymen et l'Amour en larmes, avec leurs flambeaux renversés. » (*Mémoires de Bachaumont.*)

1. On a fait sur Mᵐᵉ de Pompadour une épitaphe bien différente de la première ; elle est simple et contient l'historique de sa vie. Elle a été mariée à vingt ans et est morte dans la quarante-troisième année de son âge. (M.)

Mais un sot qui se préoccupe
Ne change pas facilement :
Ce Roi crut être son amant
Et ne fut jamais que sa dupe[1].

COMMANDEMENTS

DU DIEU DU GOUT[2]

Au Dieu du goût immoleras
Tous les écrits de Pompignan.

Chaque jour tu déchireras
Trois feuillets de l'abbé Le Blanc.

De Montesquieu ne médiras,
Ni de Voltaire, aucunement.

1. On composa encore ce distique latin, qui rappelait le jeu de mots du célèbre quatrain de Maurepas :

> Hic Piscis regina jacet, quæ lilia succit
> Pernimis, an mirum si floribus occubat albis.

2. « On répand depuis quelques jours une plaisanterie assez plate, elle a pour titre : *Dialogue du dieu du goût*. On la peut juger d'un partisan du sieur Palissot. » (*Mémoires de Bachaumont.*)

L'ami des sots point ne seras,
De fait ni de consentement.

La *Dunciade*[1] tu liras,
Tous les matins dévotement.

Marmontel le soir tu prendras,
Afin de dormir longuement.

Diderot tu n'achèteras,
Si ne veux perdre ton argent.

Dorat en tous lieux honniras,
Et Colardeau pareillement.

Le Mierre aussi tu siffleras,
A tout le moins une fois l'an.

L'ami Fréron n'applaudiras,
Qu'à l'*Écossaise* seulement[2].

---

1. La *Dunciade ou la guerre des sots*, poème satirique de Palissot, en trois chants (1764, in-8), que Voltaire qualifia de *petite drôlerie*.
2. Pour l'*Écossaise*. Cf. ci-après, p. 60.

INVECTIVES

CONTRE LES JÉSUITES[1]

O vous, de qui jadis la puissance suprême,
Pouvait à votre gré disposer des rois même,
Culbuter, élever, renverser, rétablir
Tous ceux que vous jugiez à propos de choisir ;
Vous, qui du Vatican tenant en main la foudre,
Menaciez l'univers de le réduire en poudre
Et qui, bouffis d'orgueil, sous des dehors rampants,
Nous aviez subjugués, nous traitiez en enfants ;
Votre perversité, vos affreuses maximes,
Que vous osiez nommer des vertus légitimes,
Principes erronés, lait de vos nourrissons,
Et dont publiquement vous donniez des leçons,
Enfants de Loyola, on a su les connaître ;
Vous êtes culbutés et méritez de l'être.

1. « Le 1ᵉʳ décembre, le Parlement de Paris enregistre un édit par lequel il est ordonné que la société des jésuites n'aura plus lieu dans le royaume, permettant néanmoins à ceux qui la composaient de vivre en particuliers dans les États du Roi, sous l'autorité spirituelle des ordinaires des lieux, en se conformant aux lois du royaume.

« Le Parlement, en enregistrant cet édit, a rendu un arrêt par lequel il leur défend d'approcher de la ville de Paris de dix lieues. » (*Journal historique du règne de Louis XV.*)

Rentrez dans le néant pour n'en jamais sortir !
Après tous vos forfaits c'est trop peu vous punir.

UNE

LETTRE DU CONTROLEUR[1]

En vérité, monsieur le duc,
Vos états ont le mal caduc[2],
Et leurs accès sont effroyables ;
Sur mon honneur, ils sont si fous
Qu'il nous faudra les loger tous
En peu de jours aux Incurables.

Je vais faire dans le Conseil,
Avec le plus grand appareil,

---

1. Parodie de la lettre adressée le 4 décembre au duc d'Aiguillon, gouverneur de la Bretagne, par M. de Laverdy. « Les anciens oracles se rendaient toujours en vers, afin qu'on les retînt avec plus de facilité, et par la même raison on les mettait souvent en chant. On a cru devoir les mêmes honneurs aux sacrées paroles de M. le contrôleur Laverdy, en donnant une traduction en vers de sa lettre au duc d'Aiguillon. Les lois scrupuleuses de la traduction n'ont pas laissé beaucoup d'essor à l'enthousiasme poétique. » (*Correspondance littéraire de Grimm.*)

2. Les états de Bretagne, en hostilité avec le duc d'Aiguillon, refusaient, d'accord avec la magistrature, de voter les impôts.

Juger l'affaire des trois ordres ;
Et puis après ce règlement,
Pas pour un diable assurément,
On ne pourra plus en démordre.

Je vous dirai, premièrement,
Que les Bretons certainement
Doivent être contribuables,
Et tous ceux qui refuseront
Aux yeux du Conseil paraîtront
Révoltés et déraisonnables.

Votre monsieur de Kerguesec,
Qu'on donne pour un si grand grec,
Et tout l'ordre de la noblesse
Peuvent-ils nous faire la loi,
Et que tous les sujets du Roi
Paieront pour les tirer de presse ?

Je vous dirai, secondement,
Qu'ils forcent le gouvernement
A prendre un ton des plus sévères,
A se monter à la rigueur,
Et quitter le ton de douceur
Qu'on avait pris pour leurs affaires.

On voit souvent sans nul danger
Le maître à ses sujets céder,
Même dans le temps où nous sommes,
Quand la raison, l'honnêteté,

Vis-à-vis de l'autorité
Conduisent les esprits des hommes.

Mais aussi lorsque le démon
De révolte et de déraison
S'emparera de la noblesse,
Pense-t-on que Sa Majesté
Laisse avilir l'autorité
En reculant avec faiblesse?

Je vous dirai, troisièmement,
Que les mandés du Parlement
Sont quittes de reconnaissance
Vers les gentilshommes bretons
Qui, se conduisant, comme ils font,
Ont retardé leur audience.

Si l'ordre s'était comporté
Comme il devait en vérité,
Et n'avait pas fait résistance,
Le retour de tous les mandés
Des longtemps était accordé,
Monsieur le duc, à vos instances.

Mais je ne dois pas vous céler,
Ni vous leur laisser ignorer
Que tous les jours le Roi s'irrite;
Hier, il disait hautement
A quel point il est mécontent
Des états et de leur conduite.

Pour les en faire revenir
Et les faire tous consentir,
Mettez donc toute votre peine,
Je vois le Roi prêt à partir,
Si vous ne pouvez réussir,
Monsieur le duc, avant huitaine.

Ceci, de l'un à l'autre bout,
Semble un conte à dormir debout;
Mais cependant je vous assure
Que les trois articles présents,
Et le dernier très nommément,
Sont la vérité toute pure.

Vous connaissez l'attachement
Ainsi que tous les sentiments
Avec lesquels j'ai l'honneur d'être
Votre très humble serviteur,
De Laverdy, le contrôleur.
Publiez, s'il vous plaît, ma lettre.

ÉPIGRAMMES DIVERSES

SUR M. DE LAVERDY [1]

De l'habile et sage Sully
Il ne nous reste que l'image :
Aujourd'hui ce grand personnage
Va revivre dans Laverdy.

SUR LE DUC D'AIGUILLON

Couvert de farine et de gloire,
De Saint-Cast héros trop fameux [2],
Sois plus modeste en ta victoire :
On peut d'un souffle dangereux
Te les enlever toutes deux !

SUR M. DE SOUBISE

Il est mal, ce pauvre Soubise.
Sa tente à Rosbach il perdit,

---

1. En lui envoyant, de la part de Mme la marquise de Pompadour, une boîte de carton enrichie du portrait de Sully. (M.)
2. On assurait qu'au moment où l'on repoussait les Anglais débarqués à Saint-Cast, il s'était réfugié dans un moulin.

A Versailles il perd sa marquise[1];
A l'hôpital il est réduit[2].

SUR M. DE BEAUMONT

Moreau! quelle est ta gloire et ta vocation?
Le ciel t'a réservé pour cette occasion;
Il anime ton zèle et ton patriotisme,
Par toi s'opérera ce grand événement;
  Ton bras sapera sourdement
  Le fondement du fanatisme[3].

SUR MARMONTEL

Qui du Léthé veut remonter le fleuve
Jusqu'à sa source, et surmonter l'épreuve
De ce que peut, sur un faible mortel,
Le froid ennui, qu'il lise Marmontel[4].

---

1. La marquise de Pompadour.
2. Jeu de mots sur Mme de l'Hôpital, maîtresse du prince de Soubise.
3. « M. l'archevêque étant à Conflans depuis quelques jours, à l'occasion d'une humeur fistuleuse dont on le croit atteint au podex, les plaisants ont fait cette épigramme adressée à Moreau, son chirurgien. » (*Mém. de Bachaumont.*)
4. Par Robbé de Beauvezet. (M.)

ANNÉE 1765

UN CONTROLEUR HABILE[1]

Laverdy prêche aux états
Qu'il est las
De leurs ennuyeux débats.
Il raisonne, dans son style[2],
Comme un c.. comme un contrôleur habile.

Avez-vous vu son édit[3]
Plein d'esprit?
En deux mots il a tout dit.

---

1. M. de Laverdy, conseiller au Parlement, avait été nommé contrôleur général des finances, le 12 décembre 1763, lors de la démission de M. Bertin.
2. Allusion à la lettre parodiée ci-dessus.
3. « L'édit du 17 décembre 1764, pour la libération des dettes, monument de honte éternelle et pour le ministre qui l'enfanta et pour le Parlement qui l'enregistra, non seulement ne soulageait en rien l'État, mais le grevait encore de nouveaux impôts, et donnait plus d'extension aux anciens. Le prétexte était l'établissement de deux

En moyens qu'il est fertile,
C'est un c.. c'est un contrôleur habile.

Qui l'aurait dit ? qui l'eût cru ?
Qu'un fétu,
Tout prêt à montrer le c..,
Aurait appris à la terre
Ce qu'un c.. ce qu'un contrôleur peut faire.

La finance des Gaulois,
Aux abois,
N'avait bientôt plus de voix,
Quand le Roi dans sa détresse
Vite au c.. vite au contrôleur s'adresse.

Il sait faire en un moment,
Sans argent,
Délirer le Parlement.
Aux Choiseuls faire la nique,
C'est un c.. c'est un contrôleur unique.

La finance, dans sa main,
Prend un train,

caisses, dont l'une pour le payement des rentes et effets dus par le Roi, l'autre pour le remboursement et amortissement des capitaux. Pour y mieux parvenir et embrasser d'un coup d'œil la totalité des dettes, on obligeait tous les porteurs de contrats de les faire renouveler et viser, et les porteurs d'effets de les faire liquider et réduire en contrats. Au moyen de ces convertissements il n'y avait plus rien d'exigible. » (*Vie privée de Louis XV.*)

A faire bien du chemin.
Les effets changent de gîte.
Ah ! qu'un c.. ah ! qu'un contrôleur va vite.

Sans ce Sully bien placé,
L'an passé,
Dans un carton vernissé
Notre sort était sinistre.
C'est un v.. c'est un vigoureux ministre.

Celui qui nous l'a donné
Soit loué,
Quoiqu'on le dise un roué ;
Il jauge avec connaissance
Tous les c.. tous les contrôleurs de France.

LE PAIN MOLLET

On connaissait le pain mollet
Un siècle avant l'abbé Nollet[1] ;
On l'appelait pain à la reine.
Médicis notre souveraine,

---

[1]. L'abbé Jean-Antoine Nollet (1700-1770), célèbre physicien français, membre de l'Académie des sciences. — Son nom n'est ici que pour la rime.

L'ayant trouvé fort de son goût,
En faisait son premier ragoût ;
Ainsi fit la cour et la ville.
Chacun pensait faire un bon chyle,
Et le tout se passa sans bruit
Jusqu'en six cent soixante-huit,
Que les boulangers de Gonesse,
Ennemis nés du pain mollet,
En vertu de leur droit d'aînesse,
Voyant que ce goût prévalait,
Par une mauvaise finesse
Le dénoncent au Parlement
Comme un dangereux aliment.
Lors les pères de la patrie,
Réfléchissant sur leur santé,
Somment la docte faculté
De déclarer sans flatterie
Ce qu'on doit penser de la mie
Que mâchent depuis soixante ans
Ceux mêmes qui n'ont point de dents ;
Ne peut-elle pas s'être aigrie
Et, par de secrets accidents,
Avoir troublé l'économie
De leurs bénins tempéraments?
Vous connaissez les poisons lents
Qui minent sourdement la vie ;
Chacun pour ou contre parie.
La faculté de tous les temps
Eut des Astrucs et des tyrans ;
Guy Patin en était despote ;

(Je tiens de bon lieu l'anecdote) :
Il soutint que la mort volait
Sur les ailes du pain mollet.
Mais Perrault, son antagoniste,
Dit tout haut : Je suis pain-molliste,
Messieurs, et je vous soutiendrai
Que vous l'avez bien digéré.
Patin reprend : Mais la levûre,
Et celle de Flandre surtout,
Ce ferment d'une bière impure
Est un germe de pourriture
Contraire à l'humaine nature.
Quel démon a soufflé le goût
De cette invention moderne ?
Moderne ! interrompit Perrault,
Votre mémoire est en défaut;
Apprenez qu'au canton de Berne
On en fit du temps d'Holopherne,
Mais ne recherchons pas si haut
De la levûre l'origine :
Je vous la montrerais dans Pline;
Je vois bien que maître Patin
Sait mieux le grec que le latin.
Patin fait un saut en arrière
Et pour la levûre de bière
Chacun des deux docteurs est prêt
De prendre l'autre à la crinière.
La cour à leur ardeur guerrière
Met le holà par un arrêt :
Défendons d'acheter ni vendre

Levûre ni levain de Flandre ;
Condamnons les contrevenants
En l'amende de cinq cents francs.
Depuis ce temps, en conséquence,
C'est-à-dire depuis cent ans,
Dans la capitale de France
Il entre levains défendus
Chacun an pour vingt mille écus ;
Et de janvier jusqu'en décembre
Licenciés et bacheliers
Et présidents et conseillers
Des Enquêtes, de la Grand-Chambre,
En prenant du café au lait,
Rendent hommage au pain mollet[1].

[1]. Au mois d'avril 1765, six commissaires nommés par la Faculté de médecine s'étaient prononcés contre l'inoculation, qui provoquait alors de vives controverses. C'est ce qui inspira la pièce ci-dessus. « L'apôtre de l'inoculation, M. de La Condamine, écrit Grimm, n'a pas cru devoir se taire sur le mémoire des six fripons. Il a retracé en vers l'histoire de la querelle sur le pain mollet qui partagea tous les esprits, il y a cent ans. Le pain mollet ne fit fortune dans Paris qu'après avoir été défendu par arrêt du Parlement..... On peut se flatter que la Faculté donnera incessamment un décret contre l'inoculation et que l'auguste sénat de nos seigneurs de Parlement, sur les conclusions de maître Omer Joly de Fleury, la proscrira absolument. C'est alors que tout le monde se fera inoculer en France. » (*Correspondance littéraire.*)

ÉPIGRAMMES

SUR

MADEMOISELLE CLAIRON[1]

CETTE actrice immortelle enchaîne tous les cœurs ;
Ses grâces, ses talents, lui gagnent les suffrages
Du critique sévère et des vrais connaisseurs :
    Et de nos jours, bien des auteurs
Lui doivent le succès qui suivit leurs ouvrages.

~~~~~~

Sans modèle au théâtre[2] et sans rivale à craindre,
Clairon sait, tour à tour, attendrir, effrayer,

---

1. Claire Legris de Latude, connue sous le nom de Mlle Clairon, célèbre actrice, avait débuté en 1743 par le rôle de Phèdre au Théâtre-Français, où elle n'avait pas tardé à occuper le premier rang. Au mois d'avril 1765, à la suite du différend survenu entre les comédiens français et le sieur Dubois, l'un d'entre eux, elle refusa de jouer dans *le Siège de Calais,* et fut enfermée au For-l'Évêque. Comme elle exigeait, pour remonter sur la scène, une réparation qui ne lui fut point accordée, elle renonça définitivement au théâtre en avril 1766.

2. « Tout le monde court après la nouvelle estampe de Mlle Clairon ; elle est gravée d'après le tableau de M. Vanloo par MM. Cars et Beauvarlet, graveurs du Roi. On sait qu'elle est représentée en *Médée*. On a saisi dans le Ve acte de cette tragédie l'instant où *Médée* vient de

Sublime dans un art qu'elle semble créer;
On pourra l'imiter, mais qui pourra l'atteindre?

~~~~~~

J'ai prédit que Clairon illustrerait la scène,
  Et mon esprit n'a point été déçu :
  Elle a couronné Melpomène,
Melpomène lui rend ce qu'elle en a reçu [1].

~~~~~~

  Sur l'inimitable Clairon
   On va frapper, dit-on,
    Un médaillon [2];

poignarder ses enfants et s'enfuit dans son char en les montrant à *Jason*. La gravure de la planche a été payée par le Roi, ainsi que la bordure du tableau. Quant au tableau, Mme la princesse de Galitzin en a fait présent à Mlle Clairon. M. Nougaret a fait ces vers pour être mis au bas du portrait. » (*Mém. de Bachaumont.*)

 1. Vers de Garrick qui devaient être gravés sur un médaillon représentant Mlle Clairon avec les attributs de la tragédie.

 2. « L'on a fait frapper ces jours-ci un médaillon pour Mlle Clairon. M. de Sainte-Foix, qui n'a point goûté ce monument élevé à la gloire de l'actrice, vient de tempérer le plaisir qu'elle en ressent par une mauvaise et méchante épigramme qu'il a répandue dans le public. C'est par vengeance et par quelques démêlés d'auteurs à comédiens qu'il l'a fait.

 « Avant de venir à Paris, Mlle Clairon avait joué la comédie à Rouen, où l'on a dit qu'elle avait poussé la débauche si loin qu'on lui donnait dans cette ville le sobriquet de *Frétillon*, et l'on y imprima un petit roman de sa vie sous ce titre. » (*Journal hist. de Collé.*)

Mais quelque éclat qui l'environne,
Si beau qu'il soit, si précieux,
Il ne sera jamais aussi cher à nos yeux
Que l'est aujourd'hui sa personne.

~~~~~

De la fameuse Frétillon
A bon marché se vend le médaillon :
Mais à quelque prix qu'on le donne,
Fût-ce pour douze sous, fût-ce même pour un,
On ne pourra jamais le rendre aussi commun
Que le fut jadis sa personne.

~~~~~

Quoi ! mille francs pour ma v....,
Disait Dubois[1] à son frater !
Frétillon, pour beaucoup moins cher,

---

1. « Le comédien Dubois, maltraité par l'amour, et plus encore maltraité par son chirurgien, se prend de querelle avec ce dernier au sujet de son payement. Procès. Dubois, après avoir dit qu'il lui avait donné des acomptes, outre deux feuillettes de vin, demande à être reçu à faire serment qu'il ne lui doit rien... Les comédiens ont porté leurs plaintes à leurs supérieurs contre Dubois et leur ont demandé la permission de le juger et de le chasser de leur troupe, s'ils le trouvaient coupable. Les gentilshommes de la Chambre leur ont donné cette permission, et par le vœu unanime Dubois a été chassé de leur compagnie. » (*Journal hist. de Collé.*)

A fait cent tours de casserole.
Eh donc ! répliqua le Keiser [1],
Sandis ! c'est un exemple unique,
La belle alors de tout Paris
Était la meilleure pratique,
J'aurais dû la traiter gratis,
C'était l'espoir de ma boutique.

UNE LETTRE

DE

M. DE SAINT-FLORENTIN [2]

Le Roi commence à s'occuper]
(Quoiqu'on l'ait voulu détourner
Par mille courses de campagne)
Des troubles qui depuis deux ans
Ont agité le Parlement
De la province de Bretagne [3].

---

1. Keiser, empirique, auteur des dragées antivénériennes. (M.)

2. Parodie de la lettre écrite de Versailles, le 7 juin 1765, à M. d'Amilly, premier président du Parlement de Bretagne, par M. de Saint-Florentin. (M.)

3. Le Parlement de Rennes, défenseur des constitutions de la province de Bretagne, après avoir enregistré

Le Roi ne se possède pas,
Qu'il reste douze magistrats [1]
De fidélité sans égale.
Ah ! quelle satisfaction
Voyant une défection
Qui devait être générale.

Sa Majesté sait remarquer
Ceux qui refusent d'abdiquer,
Monsieur, leurs fonctions publiques,
Dont ils sont tenus par la foi
De leurs serments envers le Roi
Et ses peuples de l'Armorique.

Elle me charge expressément,
De vous écrire incessamment
Que vous disiez à ces fidèles
Qu'elle a, dans le moment présent,

l'édit du 21 novembre 1763 prescrivant un impôt nouveau, le deuxième vingtième, en avait défendu la perception, en invoquant sur ce point le droit particulier de la Bretagne. Un arrêt du conseil annula cette décision ; quatre-vingt-cinq magistrats bretons se rendirent aussitôt à Versailles où ils furent reçus par le Roi avec hauteur et dureté. Dès leur retour à Rennes, ils donnèrent leur démission, le 20 mai 1765.

1. Ces douze magistrats qui n'avaient pas donné leur démission étaient : M. le premier président de Langle ; conseillers : MM. Dynos-des-Fossés, de Guerre, de la Bretesche, de Rosily, du Parckivon, de la Bourbausais, de Saint-Luc, d'Armaillé, de la Muce, de Kauroy, de Coëtivy. (M.)

D'autant plus de contentement
De leur service et de leur zèle,

Qu'elle n'ignore point, hélas !
Qu'auprès des douze magistrats,
En ce jour même l'on emploie,
Afin de les faire déchoir
Du plus légitime devoir,
Monsieur, toutes sortes de voies.

Dites-leur que Sa Majesté
Leur veut, mais avec fermeté,
Donner, en toute circonstance,
Des marques de distinction,
De toute sa protection
Et de toute sa bienveillance.

Vous exécuterez, je croi,
L'intention du seigneur Roi
De la manière la plus prompte,
Et vous m'écrirez *Sonica*,
Afin de me mettre en état,
Monsieur, de lui en rendre compte.

Je suis, Monsieur, et cætera
(Car pour les premiers magistrats
Je ne mets point : j'ai l'honneur d'être),
Le comte de Saint-Florentin ;
Fait à Versailles, le sept juin.
Transcrivez douze fois ma lettre.

POST-SCRIPTUM.

Vous voyez que je suis instruit
Tout aussi bien que Laverdy,
Car, au premier mot de ma lettre,
Je donne un démenti tout net
Aux réponses que vous a faites,
Le vingt mars, le Roi mon maître [1].

Puis il est écrit sur le dos,
Et contresigné Phélippeaux,
Que l'on remette cette épître
A Monsieur, Monsieur d'Amilly,
Auquel, comme juge démis,
Je ne sais, d'honneur, aucun titre.

NOUVELLES DE L'OPÉRA [2]

Vous m'en demandez, en voilà,
Des nouvelles de l'Opéra :
Des filles de musique,

---

1. Le Roi, par sa réponse du 20 mars, avait assuré, le Parlement de Rennes étant en corps à Versailles, qu'il était parfaitement instruit et qu'il ne s'était rien fait dans cette affaire que par ses ordres. (M.)
2. Par Collé. (M.)

Eh bien?
C'est la même rubrique;
Vous m'entendez bien.

Pour pucelle la jeune Arnould
Vient de se vendre à certain fou[1];
Mais, selon la chronique,
Elle a de la pratique.

Un financier[2] fort opulent
Se voit dupé de son argent;
Jugez donc s'il enrage
D'avoir été si sage.

Lemierre, avec son air décent,
A ce qu'on dit les prend au cent;
Elle aime qu'on la tape,
Mais heureux qui s'échappe.

Rivière chante toujours faux;
C'est le moindre de ses défauts;
On en taxe la lune,
Qui souvent l'importune.

La Sixte, ce grand échalas,
Montre à qui veut son tétin plat;
En tout temps la bergère
A de lys un parterre.

1. M. le comte de Lauraguais. (M.)
2. M. de la Popelinière, fermier général, qui l'avait élevée pour lui. (M.)

Puvigné, Fel suivent Vesta ;
Mais vous savez pourquoi cela ?
  On les trouve si laides
  Qu'on les prend pour remèdes :

De Lany la légèreté,
De la Vestris la volupté,
  Tout en elles excite
  A courir faire vite.

La Deschamps, dans son char brillant,
Mène partout son cher amant ;
  En hercule il lui frotte
  Ce que cache sa cotte.

Thaumar a de l'esprit, dit-on,
Et sait jouer du mirliton ;
  Son amant n'en a guère :
  Il paye et laisse faire.

Que dirai-je de la Riquet
Que dépucela son valet ?
  Des bras de la finance
  Vers un robin s'élance :

Si je juge de la Coupé
Sur son teint très mal équipé,
  En voyant sa jaunisse
  Je crains la rime en isse.

L'enfant dont est grosse Asselin
Est, ma foi, l'enfant d'Arlequin ;

Plus d'un s'en croira père,
Car la belle aime à faire.

Je plains la pauvre Demiret.
Fontaine pour elle a trop fait,
Car on dit que le drôle
Lui donna la... rougeole.

Les amants que Marquise a faits
Prouvent qu'elle a plus d'un attrait;
Mais j'aime mieux les taire
Que d'en parler sans faire.

La Prévot a le c.. fendu[1]
Depuis le nombril jusqu'au c..,
Encor dit-on qu'il grandira.
Alleluia.

Que dirai-je enfin du restant?
Toutes le font, toutes l'ont grand.
Je le ferais à toutes,
Eh bien!
Mais, ma foi, je redoute...
Vous m'entendez bien.

---

1. La demoiselle Prévôt, danseuse, s'étant plainte à M. Collé de ce qu'on n'avait point parlé d'elle dans les couplets précédents, cet auteur lui fit sur-le-champ ce couplet. (M.)

REQUÊTE DES CHIENS

AU

GOUVERNEUR DU PALAIS-ROYAL[1]

Tous les chiens du quartier vous présentent requête
      A vous, monsieur le gouverneur;
Disant qu'il s'est formé contre eux une tempête,
Et que depuis huit jours ils ont eu la douleur
      De voir plusieurs de leurs confrères,
      Chiens de probité, chiens d'honneur,
      Périr sous des mains meurtrières,
Sans qu'on sache l'objet d'une telle rigueur.
      Le public même s'en étonne :
Qui peut leur attirer des traitements si durs?
Ont-ils, dit ce public, pissé contre les murs?
      Parbleu, c'est nous la donner bonne!
Ils chièrent jadis au palais de Jupin,
      Et leur ambassade en fut quitte
      Pour être chassée au plus vite
      A coups de fouet et de gourdin.
Si parfois quelque chienne, encline à la luxure,
Essaye en plein jardin de soulager nature,
      Le crime n'est pas capital ;

---

1. A propos d'un massacre de chiens qui avait eu lieu dans le jardin. (M.)

Et chacun sait que la police
Ne condamne, à son tribunal,
Femelle atteinte de ce vice
Qu'à cinq ou six mois d'hôpital.
On vous aura fait croire aussi que cette engeance
Détruit vos fleurs et vos gazons;
Mais ce sont, entre nous, de frivoles raisons.
Rien, grâce à votre prévoyance,
N'est en risque dans ce jardin;
On n'y saurait fouler ni rose ni jasmin,
Un vaste et solide treillage
Des gazons défend le passage,
Et tout est sous la clef, jusqu'à l'eau du bassin.
Révoquez donc, monsieur, un ordre sanguinaire,
Et, pour faire bénir votre gouvernement,
Ne permettez jamais que, d'un séjour charmant,
On fasse un affreux cimetière.

LA MORT DU DAUPHIN[1]

Ne vous contraignez point, laissez couler vos pleurs,
Français, il méritait l'excès de vos douleurs,
Ce prince à qui le sort promit une couronne
Et que l'éclat du ciel à présent environne.

[1]. Par M. Collet, chevalier de l'ordre de Saint-Michel et secrétaire des commandements de Madame Infante. (M.)

Bon père, tendre époux, enfant respectueux,
Maître affable et sensible, esprit juste et nerveux,
Quoique né près du trône adoré pour lui-même,
Plus grand par ses vertus que par son rang suprême [1],
De la religion l'exemple et le soutien,
Connaissant l'amitié, pensant en citoyen ;
Tel était le Dauphin, quand la Parque cruelle
Précipita ses jours dans la nuit éternelle [2].
Comme un héros chrétien qui ne trouve ici-bas
Que des biens passagers qui ne l'affectent pas,
Ce prince en son printemps a vu d'un regard ferme

---

1. « Ce prince n'a été connu et aimé que depuis sa maladie ; il est regretté de la nation par tout ce que l'on en apprend tous les jours. La façon courageuse et héroïque avec laquelle il meurt a d'abord commencé à ramener les esprits qui étaient le plus prévenus contre lui. Dans tous les actes religieux qu'il a faits, il s'est montré très éloigné de la cagoterie et du fanatisme..... Ce prince économe n'a jamais demandé aux contrôleurs généraux un écu au delà de ce qui lui était assigné. Quel trésor c'eût été pour la France que le gouvernement de ce prince économe ! d'autant que son économie était vraie ! ...Il avait une très belle mémoire et était très instruit, peut-être même pourrait-on dire savant. Il avait l'esprit très agréable..... Depuis qu'il a su que sa maladie était mortelle, il ne s'est occupé que des services qu'il pouvait rendre à ceux qu'il aimait. » (*Journal de Collé*.)

2. « Le vendredi 20 décembre, vers les huit heures du matin, Louis, Dauphin de France, mourut à Fontainebleau, âgé de trente-six ans, trois mois et demi, d'une maladie de langueur qui durait depuis fort longtemps. Toute la cour, qui y était depuis les premiers jours d'octobre, en repartit sur-le-champ pour Versailles. Le corps de ce prince fut ouvert et embaumé le même jour par le docteur Andouillet, l'un des chirurgiens du Roi. M. le duc de Fronsac lui tint

L'instant qui de sa vie avait marqué le terme.
Seul il était tranquille en cet affreux revers,
Tandis que de ses maux frémissait l'univers.
Mais hélas ! il n'est plus ! notre douleur profonde,
Nos pleurs, nos bras levés vers le maître du monde
N'ont pu le garantir de cet arrêt du ciel
Que le juste subit comme le criminel.
Maintenant, un tombeau que couvre un peu d'argile
De l'espoir des Français est le dernier asile.
On n'entend plus partout que leurs gémissements,
Le cri du désespoir forme tous leurs accents ;
Et la mort elle-même, en voyant tant de gloire,
Pour la première fois a pleuré sa victoire.

ÉPIGRAMMES DIVERSES

SUR LE DAUPHIN

Par un aveuglement du trop funeste sort,
Ce Dauphin si chéri périt dans sa jeunesse,

la tête pendant toute l'opération et reçut le cœur au sortir du corps. On ne lui trouva pour cause unique de mort que la moitié des poumons rongés par des ulcères et l'autre moitié absolument desséchée. Il avait demandé par son testament que son cœur fût porté à l'abbaye royale de Saint-Denis, et son corps à Sens, pour y être inhumé dans le chœur de l'église cathédrale, au-dessus du lutrin. »
(*Mémoires inédits de Siméon-Prosper Hardy.*)

Malgré nos vœux! hélas! l'impitoyable mort
En comptant ses vertus l'a cru dans sa vieillesse.

L'État en lui n'eût vu qu'un père au lieu d'un maître,
Qu'un héros, des vertus l'exemple et le soutien;
Grand, autant que pieux, sans affecter de l'être,
Il n'eût été puissant que pour faire le bien[1].

La tristesse règne aujourd'hui.
Quel cruel revers pour la France!
Les vertus perdent leur appui,
Et les Français leur espérance.

SUR M. DE LAVERDY

Sait-on pourquoi le contrôleur pédant,
Ces jours derniers, avec un ris mordant,
En bonnet gras, du col montrant la nuque,
Admit chez lui les publicains jaloux?

---

1. Par le chevalier de Juilly-Thomassin, garde du corps du roi. (M.)

C'est qu'il voulait leur faire voir à tous
Qu'il n'était pas une tête à perruque[1].

SUR M. LENORMAND D'ÉTIOLES[2]

Pour réparer *Miseriam*
Que Pompadour laisse à la France,
Son mari, plein de conscience,
Vient d'épouser *Rem publicam*[3].

SUR MADEMOISELLE ARNOULD

Pourquoi, divine enchanteresse,
Me troubles-tu par tes accents?
Tu me fais sentir une ivresse
Qui ne va pas jusqu'à tes sens;

---

1. « M. le contrôleur général ayant indiqué un jour et une heure d'audience pour les receveurs généraux, au commencement de cette année, il les fit entrer et les reçut en bonnet de nuit et en habit noir. M. d'Ormesson, intendant des finances, était à la tête. » (*Mém. de Bachaumont.*)

2. « M. Le Normand d'Étioles, ayant épousé depuis quelque temps une fille d'Opéra, dont il avait fait sa maîtresse, appelée Mlle *Rem;* de fort mauvais plaisants ont ainsi joué sur le mot. » (*Mém. de Bachaumont.*)

3. Cette femme a eu depuis une fille, qui a épousé M. le comte de Linières : *Auri sacra fames.* (M.)

Peut-être que dans ma jeunesse
Mon bonheur eût été le tien !
Je t'aime et le temps ne me laisse
Que le désir... Désir n'est rien.
Tais-toi..., mais non... non... chante encore,
Qu'avec tes sons voluptueux
Mon reste d'âme s'évapore
Et je me croirai trop heureux[1].

SUR CINQ ARCHEVÊQUES

On a choisi cinq évêques paillards,
Tous cinq rongés de .... et de chancre,
Pour réformer des moines trop gaillards.
Peut-on blanchir l'ébène avec de l'encre[2] ?

1. « Ce madrigal de M. Favart à Mlle Arnoux nous a paru d'un genre particulier, et, s'il est véritablement de lui, il justifie ses partisans qui soutiennent opiniâtrement qu'il est capable des choses les plus délicates, en réponse à l'avis de ceux qui lui refusent d'être auteur d'*Annette et Lubin*, de *l'Anglais à Bordeaux*, et autres ouvrages d'un sentiment très exquis. » (*Mém. de Bachaumont.*)

2. « Le Roi a nommé une commission pour examiner les instituts des différents ordres religieux, et y faire la réforme nécessaire. Cinq archevêques sont à la tête de ce tribunal : M. de la Roche-Aymon, archevêque de Reims ; M. Phelyppeaux, archevêque de Bourges ; M. Dillon, archevêque de Narbonne ; M. de Brienne, archevêque de Toulouse ; enfin, M. de Jumilhac, archevêque d'Arles. » (*Mém. de Bachaumont.*)

ANNÉE 1766

LA TRISTESSE DE FRÉRON[1]

BACULARD.

Qu'as-tu, Fréron ? Je te trouve interdit,
Moins insolent, plus bas que de coutume.

FRÉRON.

Oui, j'ai le cœur dévoré d'amertume.

BACULARD.

Sans doute, on vient, comme je l'ai prédit,
De réprimer l'audace de ta plume ?

---

1. « Le vertueux Jean Fréron étant de retour depuis peu de son voyage en Bretagne, où il s'était rendu dans l'espérance de recueillir une succession qu'il n'a pas trouvée ouverte, attendu que celle qui devait la laisser s'était ravisée de vivre, vient de reprendre les glorieux travaux de son *Année littéraire*, qu'il avait abandonnés dans son absence à quelques subalternes. Ce retour a été célébré par une pièce qui a couru Paris, mais dont l'auteur ne s'est pas fait connaître. » (*Corresp. de Grimm.*)

FRÉRON.

Qui l'oserait?... Je te le dis tout bas,
J'ai des amis qui ne s'en vantent pas,
Mais...

BACULARD.

Qu'as-tu donc?

FRÉRON.

Le chagrin me consume.

BACULARD.

A-t-on joué *l'Écossaise*[1] à Quimper?

FRÉRON.

Partout, sans cesse, on la joue, on l'accueille;

---

1. Cette comédie de Voltaire fut imprimée au commencement de l'année 1760 et représentée au Théâtre-Français le 27 juillet suivant. C'était surtout une cruelle diatribe contre Fréron; Collé la juge sévèrement dans son *Journal*: « C'est, dit-il, un mauvais roman qui veut être une comédie; rien n'est si commun et si usé que l'intrigue de cette pièce..... Ce qui a décidé le succès, c'est le caractère de Frelon. Les personnalités contre Fréron que l'on a cru trouver dans ce personnage l'ont fait applaudir avec fureur dès les premiers traits. Les ennemis de ce journaliste, les amis de Voltaire, les encyclopédistes, beaucoup d'honnêtes gens neutres, mais qui méprisent Fréron, ont battu des mains à chaque injure qui paraissait le regarder..... Il est odieux de personnifier les gens sur la scène et en particulier d'y voir exposer des gens de lettres comme des bêtes féroces qui combattent pour le divertissement des spectateurs..... C'est une infamie de M. Voltaire d'avoir fait jouer cette pièce. »

Mais tous les mois l'auteur est, dans ma feuille,
Mis sur la scène et nous sommes au pair.

BACULARD.

D'être hué n'as-tu plus le courage?

FRÉRON.

Moi! cette haine aiguillonne ma rage;
Et dès longtemps j'y suis fait, Dieu merci!

BACULARD.

Avoue enfin que l'opprobre te pèse?

FRÉRON.

Oh! point du tout. Tu m'y vois endurci :
Le mal est fait et le calus aussi.
Va, dans la honte on vit fort à son aise
Quand de l'honneur on n'a plus de souci :
Je l'écrivais autrefois à Marsy[1].

---

1. « Quand Marsy fut chassé de chez les jésuites pour avoir trop aimé les enfants dont il était le préfet, Fréron, alors jésuite, lui adressa les vers suivants :

> Adieu, Jupiter adorable,
> Revêtu d'un manteau d'abbé,
> Laisse là ton honneur flambé ;
> Prends soin seulement qu'à la table
> Toujours un Ganymède aimable
> Te verse le nectar à la place d'Hébé.

Ce Marsy a fait depuis une histoire des Chinois, Japonais et autres peuples de l'Asie dans le goût de l'histoire ancienne du bonhomme Rollin. » (*Corresp. de Grimm.*)

BACULARD.

Quel accident peut donc troubler ton âme?

FRÉRON.

Ah! sur les sots je régnais autrefois.
Ce temps n'est plus; la louange, le blâme,
Dans mes écrits ne sont plus d'aucun poids;
Même en province on a su me détruire,
Et sans retour j'ai perdu, je le vois,
Mon seul plaisir, l'heureux pouvoir de nuire.

COMPLAINTE DE LA CHALOTAIS[1]

Or écoutez, illustre compagnie,
Comme l'homme est abusé par Satan,
On est par lui bercé pendant la vie;
Mais le perfide à la mort nous attend.

1. Louis-René de Caradeuc de La Chalotais, procureur général au parlement de Bretagne, fut l'un des premiers magistrats qui provoquèrent l'abolition des jésuites en France, par ses *Comptes rendus des Constitutions des jésuites*. Il s'attira par ses sarcasmes l'inimitié du gouverneur de la province, et compta parmi les principaux instigateurs de la résistance que le Parlement de Rennes opposa aux édits bursaux dont le duc d'Aiguillon poursuivait l'établissement. Aussi le duc chercha-t-il l'occasion

Ah misérable !
J'ai cru le diable ;
Je suis perdu,
Je vais être pendu.

Il me soufflait tous les jours la manière
En cabalant de me rendre fameux.
Qu'ai-je gagné de suivre sa bannière ?
Je fus méchant, et je suis malheureux.

De Chauvelin j'aimai l'humeur chagrine,
C'était Satan lui-même que j'aimais,
J'aurais bien dû le connaître à sa mine,
Car c'est ainsi que les diables sont faits.

Je me croyais un homme d'importance,
A ma raison je soumettais ma foi ;
D'un double joug je délivrais la France,
J'humiliais et l'Église et le Roi.

Que gagne-t-on à devenir grand homme,
Si du public on devient le jouet ?
Le Cavayrac[1] est triomphant à Rome
Et Caradeuc à Rennes est au gibet.

de le perdre, et, profitant de ce que l'on avait cru reconnaître son écriture dans des lettres anonymes adressées au Roi, sur les troubles de Bretagne, il obtint de le faire arrêter, le 11 novembre 1765, avec son fils, aussi procureur général et quatre conseillers du Parlement.

1. L'abbé de Cavayrac, auteur de l'*Appel à la raison*,

Contre Guignard[1] et ses bénins confrères
Je déclamais avec un zèle ardent;
Mais, ô douleur! que vont dire ces pères
Quand de Guignard je serai le pendant.

Ah! si du moins, par un peu de clémence,
A nos seigneurs l'on m'avait confié!
Cartouche aurait évité la potence,
Si par sa troupe il eût été jugé.

Vous, mes amis, apprenez à mieux faire,
Cessez, cessez de marcher sur mes pas;
Je vous trompais, quand je vous ai fait croire
Qu'on obéit en n'obtempérant pas.
   Ah misérable!
   J'ai cru le diable;
   Je suis perdu,
   Je vais être pendu.

---

et autres pièces en faveur des jésuites, pour lesquelles il fut obligé de se réfugier à Rome. (M.)

1. Synonyme de jésuite.

UN BRILLANT HYMÉNÉE[1]

Quelle est cette pompeuse fête,
Pour qui brillent tous ces flambeaux?
C'est le dieu d'hymen qui s'apprête
A former les nœuds les plus beaux.
Tircis, ce rejeton illustre,
S'unit à Flore en ce grand jour;
La nymphe, à son troisième lustre,
Est un chef-d'œuvre de l'amour.

Ce tendre et charmant hyménée
Comble les vœux de ces époux;
De leur brillante destinée
Et Vénus et Mars sont jaloux.
Il naîtra de la jeune Flore
Des amours, des grâces aussi;
Combien de héros vont éclore :
L'époux est un Montmorency.

Sur ces jeunes âmes ravies,
Dieu puissant, verse tes faveurs;
Qu'à jamais le cours de leurs vies
Soit semé de perles, de fleurs!

---

1. A propos du mariage du vicomte de Montmorency-Laval avec Mlle de Boulogne. — Par Mlle Cosson de la Cressonnière. (M.)

Un prélat plein de ta sagesse[1],
Du clergé la gloire et l'honneur,
Serre ce nœud qui l'intéresse.
Quel présage pour leur bonheur!

COMPLIMENT

AU PRINCE DE CONDÉ[2]

Si la langue était un outil
Qu'on pût montrer comme un fusil,
Mon général, en beau langage
Je vous ferions un compliment;
Mais je n'avons pas ce talent.
Nature, pour notre partage,
A bien voulu nous accorder
L'obéissance et le courage,
Comme à vous l'art de commander.
Pour mériter votre suffrage,
Pendant l'été, pendant l'hiver,

---

1. M. l'évêque de Metz, oncle de M. le vicomte de Laval, donnait la bénédiction nuptiale. (M.)

2. Il fut adressé par les grenadiers de la garnison de Lille à leur général, à son passage, le 15 juin 1766. — Par M. Pascal, capitaine de grenadiers au régiment de Piémont. (M.)

Dans la plaine ou dans la caserne,
En vrais enfants de la giberne,
Nous allons patiner le fer ;
Bourbonnais, Piémont, Normandie,
Les dragons, la cavalerie,
A l'envi nous nous escrimons ;
Mon général, je pelotons,
Mais c'est en attendant partie.
Lorsque Condé nous mènera,
Nous offrons bisque à qui voudra.
Sous ses ordres vienne la guerre ;
Vive Condé ! nos grenadiers,
Toujours exercés à lui plaire,
Ajouteront à ses lauriers.

JUSTIFICATION

DU MARQUIS DE VILLETTE [1]

Monsieur l'anonyme badin,
On ne peut avec plus de hardiesse,
De gaîté, de délicatesse,
Dire du mal de son prochain.
Votre muse aimable et légère

---

1. « Un anonyme ayant écrit à Mlle Arnould d'assez mauvais vers sur la querelle entre MM. de Villette et de Lauraguais, où l'on reprochait entre autres, au premier, le péché

M'égratigne si doucement,
Qu'il faudrait être fol, vraiment,
Pour aller se mettre en colère.
Recevez-en mon compliment.
Mais pourquoi votre esprit caustique,
Sur moi s'égayant sans façon,
M'accuse-t-il d'être hérétique
Au vrai culte de Cupidon ?
Avez-vous consulté Sophie,
Vous qui m'imputez ce péché ?
Vous sauriez que de l'hérésie
Je suis un peu moins entiché.
Charmé de cet air de tendresse
Qui des amours flatte l'espoir,
J'ai souhaité voir la princesse
Passer du théâtre au boudoir.
Sur les tréteaux, reine imposante,
Elle est ce qu'elle représente ;
Mais on revient au naturel :
Chez elle, libre, impertinente,
La princesse est femme galante,
Gentil ornement de b.....
Oui, oui, la reine Marguerite
L'eût aimée autant que ses yeux,

antiphysique, il y a répondu par cette épître. » (*Mém. de Bachaumont.*) La querelle dont il est question avait été provoquée, au mois d'août 1766, par un pari que le marquis de Villette avait perdu et dont il avait refusé de payer l'enjeu. Un duel était imminent, lorsque le tribunal des maréchaux de France intervint, fit arrêter les deux adversaires et les condamna à six semaines de prison.

Elle en eût fait sa favorite :
On doit ses contes amoureux
A son penchant pour la saillie;
Elle aimait les propos joyeux,
Les plus gros lui plaisaient le mieux,
Elle pensait comme Sophie;
Mais avec l'ardeur de Vénus
Elle a l'embonpoint de l'Envie.
Je cherche un sein, des globes nus,
Une cuisse bien arrondie,
Quelques attraits... Soins superflus !
Avec une telle momie,
Si j'ai pourtant sacrifié
Au dieu qui de Paphos est maître,
Me voilà bien justifié
Ou je ne pourrai jamais l'être.

DISCOURS DU ROI

AU PARLEMENT ET AU CONSEIL[1]

Voulant savoir parfaitement
Ce qu'on m'a fait connaître,
Il y a déjà plus d'un an,

---

1. Discours du roi au Parlement de Paris et au Conseil, travestis en vers au naturel. — Le Roi ayant fait accuser

Sur cinq prétendus traîtres[1],
J'avais ordonné un procès
De forme un peu bizarre :
Vous en allez voir le succès,
Qui vous paraîtra rare.

Par le compte qu'on m'a rendu,
Cette maudite affaire,
Quoique je l'eusse deux fois vu,
M'a paru singulière;
Sur ce, je suis déterminé
Pourtant à ne rien faire;
Vous n'en serez point étonné,
C'est assez ma manière[2].

M. de la Chalotais, procureur général du Parlement de Bretagne, après l'avoir tenu pendant quinze mois dans le plus dur esclavage, lui avait fait faire son procès par des Commissaires, ce qui avait excité la réclamation de plusieurs Parlements, avait abandonné cette procédure et renvoyé l'affaire au Parlement établi en Bretagne, à la place de celui qui avait donné sa démission en 1765. Puis il avait cassé la procédure de ce Parlement pour, en évoquant l'affaire à lui, faire revivre la procédure des Commissaires et renvoyer le tout à juger au Conseil des parties ; ce qui excita la plus vive réclamation du Parlement de Paris. L'affaire bien examinée dans le secret du cabinet, on ne voulut point qu'il intervînt de jugement et on exila les accusés. (M.)

1. On avait accusé MM. de la Chalotais père et fils et MM. de la Gacherie, Montreuil et de la Colinière, conseillers à l'ancien Parlement de Bretagne, de lettres anonymes injurieuses aux ministres et d'avoir fomenté des troubles dans le Parlement et les états. (M.)

2. Le 22 décembre, le Roi, qui avait mandé à Versailles le premier président et deux présidents à mortier pour

J'ai l'âme bonne, voyez-vous,
Et, quoique je sois en courroux,
Me faut-il me donner au diable
Pour aller trouver des coupables?
Calonne[1] en vain les a cherché,
Ce dont l'ai bien récompensé.

Un bon écrit, bien patenté,
Va, par ma seule autorité,

entendre sa réponse aux représentations à lui faites par le Parlement au sujet de l'affaire de Bretagne, leur fit lecture de cette réponse, ainsi conçue : « J'ai voulu connaître par le procès que j'ai fait instruire la source et les progrès des troubles qui s'étaient élevés dans ma province de Bretagne. Le compte qui vient de m'en être rendu m'a déterminé à ne donner aucune suite à toute cette procédure ; je ne veux pas trouver de coupables. Je vais faire expédier des lettres patentes de mon propre mouvement, pour éteindre par la plénitude de ma puissance tout délit et toute accusation à ce sujet. J'impose sur le tout le silence le plus absolu. Au surplus, je ne rendrai ni ma confiance ni mes bontés à mes procureurs généraux de mon Parlement de Bretagne que j'ai jugé à propos d'éloigner de cette province,... etc. »

Il leur remit ensuite copie de cette réponse ainsi que du discours qu'il venait d'adresser à son Conseil, dont la teneur était : « Je suis très content de vos services ; le compte que vous venez de me rendre me confirme dans le parti que j'avais en vue. Je ne veux pas qu'il intervienne de jugement ; je veux éteindre tout bruit. Monsieur le vice-chancelier, vous aurez soin d'expédier des lettres à ce nécessaires et de les faire publier au sceau. J'aurai soin de pourvoir au reste. »

1. Maître des requêtes, qui fut procureur général de la commission et se compromit beaucoup dans cette affaire ; il y gagna l'intendance de Metz et le mépris universel. (M.)

Dont je déploie la plénitude
(Jugez si le coup sera rude),
Vous anéantir de tous points
Des délits qui n'existent point.

Le Français, un peu gaillard,
Pourrait rire avec indécence;
Et, pour éviter les brocards,
J'impose un absolu silence.
Un ministre est embarrassé,
Quand il se trouve intéressé
Dans tous ces petits jeux de mots
Qui font rire aux dépens des sots[1].

D'autant plus que j'ai de l'humeur,
Je veux bouder mes procureurs;
Ils n'auront point mes bonnes grâces,
Gardez-vous de suivre leurs traces,
Car, pour leur apprendre à parler,
Je vais les faire voyager.

De tout ceci bien informé,
Vous connaîtrez que la sagesse,
La douceur et la fermeté,
Présideront chez moi sans cesse.
Sans tant crier, tant remontrer,
Connaissant ma haute prudence,

---

1. M. de Laverdy avait été fort piqué de la parodie de la lettre qu'il avait écrite au duc d'Aiguillon. (M.)

Vous auriez dû, messieurs, compter
Un peu plus sur la Providence.

J'ai des grâces à vous rendre [1];
Vous m'avez très bien servi.
Des plaisants iront prétendre
Que, vous n'avez rien fait ici ;
Pour les forcer à se taire,
Dites-leur, en raccourci,
Que, presque en toute affaire,
Vous en agissez ainsi.

Laissez là cette procédure,
Car si l'on vous jugeait après,
Ce pourrait être chose dure,
D'anéantir.... et point d'arrêts.
Vice-chancelier pour ce faire,
Qu'un édit soit expédié ;
Le reste ira se faire, faire,
Tout sera bientôt oublié.

1. Ceci est la parodie du discours adressé au Conseil.

ANNÉE 1767

UN NOUVEAU MARGUILLIER

DE SAINT-ROCH [1]

Toi, que je n'ose encore inviter à confesse,
    Et que pourtant, dans quatre mois,
    Je dois attendre à ma grand'messe,
Choiseul, de ton curé daigne écouter la voix,
    Et reçois les vœux qu'il t'adresse.
    Quoique tu sois grand ouvrier,
Puissé-je ne te voir que rarement à l'œuvre !
    De Laverdy le sage devancier
      Dont l'écu porte une couleuvre,
Et qui fut comme toi grand homme et marguillier,
Ce Colbert qu'aujourd'hui le peuple canonise

---

1. « M. le duc de Choiseul ayant été élu premier marguillier d'honneur de Saint-Eustache, M. le chevalier de Boufflers lui a adressé ces vers pour étrennes, au nom du curé de cette paroisse. » (*Mémoires de Bachaumont.*)

Et qu'autrefois il osa déchirer,
> Fit peu d'ordure en mon église
> Avant de s'y faire enterrer.
> Je sais fort bien que tes confrères
> De Saint-Eustache et de la cour
Aimeraient mieux qu'ici tu fasses ton séjour.
Je sais que maint dévot offre au ciel ses prières
> Pour ton salut, qui ne t'occupe guères ;
Ton vieux curé consent à ne te voir jamais,
> Et, s'il forme quelques souhaits,
> C'est que tu restes à Versailles,
> Où par toi le Dieu des batailles
> Serve longtemps le Dieu de paix.
Amen! Ainsi soit-il. Si pourtant chaque année,
> Choiseul, tu pouvais une fois
> Quitter le plus chéri des Rois,
> Qui t'a fait son âme damnée,
> Viens te montrer en ces saints lieux,
> Viens un peu changer d'eau bénite,
> Mais surtout retourne bien vite,
> Exorciser tes envieux !

LA CAISSE D'ESCOMPTE [1]

Arrêt pour l'établissement
D'une caisse d'escompte,
Qui produira par chacun an
Cinq millions de bon compte.
C'est pour remplacer un banquier [2]
Qui voudrait ses fonds retirer,
  Qu'on établit
  Et qu'on bâtit
 Une si belle affaire.
Par ses biens, jugez du profit
 Que le public va faire.
  Le contrôleur,
  Toujours docteur,

---

1. Caisse d'escompte pour faire la banque royale établie par M. de Laverdy, contrôleur général, par arrêt du conseil du 1er janvier 1767. Le public devait y être intéressé jusqu'à concurrence de quarante millions, mais il y avait si peu de confiance qu'on y a porté fort peu d'argent. (M.) « On chansonne tout : on a établi depuis peu une caisse d'escompte sur laquelle s'égaye la malignité du public. Nous consignons ici la chanson ci-dessus, moins comme une pièce littéraire que comme une pièce historique et faisant anecdote. » (*Mémoires de Bachaumont.*)

2. M. de la Borde, banquier de la cour avant cette opération, bien voulu des uns, mal des autres, mais qui constamment avait fait en peu d'années une fortune considérable. (M.)

Et surtout grand calculateur,
A dit au Roi :
Sire, je crois
Qu'en formant nombre d'actionnaires
Vous ferez de bonnes affaires.
Dans ma place, j'ai su gagner
Du public la confiance,
A la caisse on ira verser
L'argent en abondance.
Directeurs je saurai nommer
Pour sagement administrer
L'argent qu'on fera fabriquer
A Pau, comme à Bayonne [1].
Chaque mois, je veux tout coter,
Parapher en personne ;
Je veux aussi, pour constater
Des profits la totalité,
Des balances en forme arrêter ;
Au moyen desdites balances,
On n'aura pas de défiances ;
Quinze richards il faut charger
De cette grande affaire.
Tous les ans il faut leur donner
Vingt mille livres d'honoraires [2] ;
Surtout qu'ils ne soient pas garants

---

1. On donnait à cette caisse les profits de la fabrication des monnaies dans ces deux villes. (M.)

2. Quinze directeurs qui avaient chacun trois cents actions de mille livres chacune dans le fond de la caisse et qui devaient administrer tout. (M.)

De banqueroute et d'accidents,
    Car j'y ai mis
    Tous mes amis
    Et aussi mon beau-père[1] ;
Ainsi, s'ils étaient poursuivis,
    J'en paierais l'enchère.
Réservez-vous vingt mille actions,
Dont la Ferme fera les fonds,
Qu'elle paiera quand elle pourra.
Ce trait de fine politique
    A tous fera la nique.

LES PLAISIRS DE CHOISY[2]

Que l'on goûte ici[1] de plaisirs !
    Où pourrions-nous mieux être ?
Tout y satisfait nos désirs
    Tout aussi les fait naître.

N'est-ce pas ici le jardin
    Où notre premier père

---

1. Le sieur Devins, ci-devant marchand de drap, père de Mme de Laverdy. (M.)
2. Couplets attribués à M. le duc d'Ayen, dont un du Roi, à ce que l'on prétend. (M.)

Trouvait sans cesse sous sa main
 De quoi se satisfaire?

Ne sommes-nous pas encore mieux
 Qu'Adam dans son bocage?
Il n'y voyait que deux beaux yeux,
 J'en vois bien davantage.

Dans ce séjour délicieux,
 Je vois aussi des pommes
Faites pour charmer tous les yeux
 Et damner tous les hommes.

Amis, en voyant tant d'appas,
 Quels plaisirs sont les nôtres!
Sans le péché d'Adam, hélas!
 Nous en verrions bien d'autres.

Il n'eut qu'une femme avec lui;
 Encor c'était la sienne;
Ici je vois celle d'autrui
 Et ne vois pas la mienne [1].

Il buvait de l'eau tristement
 Auprès de sa compagne;
Nous autres, nous chantons gaîment
 En sablant le champagne.

1. Ce couplet est celui attribué au Roi. (M.)

Si l'on eût fait dans un repas
    Cette chère au bonhomme,
Le gourmand ne nous aurait pas
    Damnés pour une pomme.

QUÊTE POUR UNE TRAGÉDIE

Le grand bruit de Paris, dit-on,
Est que mainte femme de nom
Quête pour une tragédie
Où doit jouer Frétillon.
Pour enrichir un histrion [1].
Tous les jours nouvelle folie :

1. Cette chanson et la suivante furent faites au sujet d'un spectacle qui fut donné à Paris, pour et au profit du nommé Molé, acteur, dont le public et les femmes surtout étaient fort épris. On payait un louis le billet au moins. C'était pour payer, disait-on, les dettes que cet acteur avait contractées pendant une longue maladie. Mlle d'Aumont, duchesse de Villeroy et Mlle de Hautefort, duchesse de Fronsac, s'en allaient quêtant partout et distribuant des billets ; la demoiselle Clairon promit de jouer pour attirer plus de monde ; il y eut des billets payés jusqu'à 25 louis et beaucoup à 10, à 12 et à 15. Sur quoi je ne puis m'empêcher de remarquer, non pas sans doute à l'honneur du public, que lorsque cinq ou six ans auparavant les comédiens français, par reconnaissance pour la mémoire du grand Corneille, donnèrent une représentation de *Rodogune*, au

> Le faquin,
> La catin
> Intéresse
> Baronne, marquise et duchesse.
>
> Pour un fat, pour un polisson,
> Toutes nos dames du bon ton
> Vont cherchant dans le voisinage.
> Vainement les refuse-t-on.
> Pour revoir enfin la Clairon
> Dans Paris elles font tapage.
> La santé
> De Molé
> Les engage,
> Elles ont grand cœur à l'ouvrage.
>
> Par un excès de vanité,
> La Clairon nous avait quitté,

profit de la petite-nièce du grand poète, le billet le plus cher fut payé 5 louis et il y en eut fort peu payés au delà du prix ordinaire. (M.)

Molé étant tombé malade dans le courant du mois de janvier, les plaisants du parterre s'avisèrent un jour de demander de ses nouvelles en plein théâtre, et continuèrent ainsi pendant six semaines.

« Cette attention rendit la maladie de Molé célèbre et intéressante ; les femmes s'en mêlèrent et bientôt ce fut un air de savoir au juste l'état du malade. On avait appris que son médecin lui avait ordonné pour sa convalescence de boire un peu de bon vin vieux. Tout le monde s'empressa de lui en envoyer, et, en peu de jours, Molé, accablé de présents, eut la cave la mieux garnie de Paris. » (*Corresp. de Grimm.*)

Et depuis ces temps elle enrage
Et sent son inutilité;
Comptant sur la frivolité,
Elle recherche les suffrages
   Du plumet,
   Du valet,
Pour un aussi grand personnage!

Le goût dominant aujourd'hui
Est de se déclarer l'appui
De toute la plus vile espèce
Dont notre théâtre est rempli.
Par de faux talents ébloui [1],
A les servir chacun s'empresse.
   Le faquin,
   La catin
   Intéresse
Baronne, marquise et duchesse.

Molé, plus brillant que jamais,
Donne des soupers à grands frais,
Prend des carrosses de remise,
Entretient filles et valets.
Les femmes vident les goussets

---

[1]. « Cet acteur, remarquait Grimm, joue avec beaucoup de succès dans le haut comique. Son jeu n'est pas très varié, mais il est plein de chaleur et d'agrément. On ne peut pas dire que Molé soit un comédien sublime, mais dans l'état de disette où nous sommes, c'est un acteur essentiel à la Comédie-Française... On dit qu'il a beaucoup de suffisance et de fatuité. »

Même des princes de l'Église[1],
    Pour servir
    Son plaisir.
    La sottise!
Elles se mettraient en chemise.

Assignons par cette chanson
De chacun la punition;
Pour ses airs et son indécence,
D'abord à Molé le bâton;
Ensuite pour bonne raison,
Comme une digne récompense,
    A Clairon,
    La maison
    Ou la cage
Que l'on doit au libertinage.

---

[1]. Le prince Louis de Rohan, coadjuteur de Strasbourg, l'archevêque de Lyon, l'évêque de Bourges et l'évêque de Saint-Brieuc ont souscrit. (M.)

MOLÉ

ou

LE SINGE DE NICOLET [1]

Quel est ce gentil animal
Qui, dans ces jours de carnaval,
Tourne à Paris toutes les têtes,
Et pour qui l'on donne des fêtes ?
Ce ne peut être que Molet,
Ou le singe de Nicolet [2].

Vous eûtes, éternels badauds,
Vos pantins et vos Ramponneaux :
Français, vous serez toujours dupes.

---

[1]. M. le chevalier de Boufflers s'est égayé sur le compte de Molé par ces couplets. — Le refrain de cette dernière chanson est une allusion à un spectacle de foire où tout Paris courait de préférence à tout autre. (M.)

[2]. Chef d'une troupe de bateleurs en possession d'un singe très singulier qui a amusé tout Paris pendant plusieurs années. (M.). — « Le singe de Nicolet, qui fait depuis un an l'admiration de Paris, en dansant sur la corde à l'envi de son maître, le seigneur Spinaculta, ce singe ne manqua pas de faire la parodie. On annonça qu'il était malade. Le parterre demanda de ses nouvelles, et l'on fit une souscription et mille autres pauvretés de cette espèce. » (*Corresp. de Grimm.*)

Quel autre joujou vous occupe?
Ce ne peut être que Molet
Ou le singe de Nicolet.

De sa nature cependant,
Cet animal est impudent.
Mais, dans ce siècle de licence,
La fortune suit l'insolence
Et court du logis de Molet
Chez le singe de Nicolet.

Il faut le voir sur les genoux
De quelques belles aux yeux doux,
Les charmer par sa gentillesse,
Leur faire cent tours de souplesse.
Ce ne peut être que Molet
Ou le singe de Nicolet.

L'animal, un peu libertin,
Tombe malade un beau matin,
Voilà tout Paris dans la peine;
On crut voir la mort de Turenne,
Ce n'était pourtant que Molet
Ou le singe de Nicolet.

La digne et sublime Clairon
De la fille d'Agamemnon
A changé l'urne en tirelire,
Et, dans la pitié qu'elle inspire,

Va partout quêtant pour Molet [1],
A la cour, et chez Nicolet.

Généraux, catins, magistrats,
Grands écrivains, pieux prélats,
Femmes de cour bien affligées,
Vont tous lui porter des dragées.
Ce ne peut être que Molet
Ou le singe de Nicolet.

Si la mort étendait son deuil
Ou sur Voltaire, ou sur Choiseul,
Paris serait moins en alarmes
Et répandrait bien moins de larmes
Que n'en ferait verser Molet
Ou le singe de Nicolet.

Peuple, ami des colifichets,
Qui portes toujours des hochets,
Rends grâces à la Providence
Qui, pour amuser ton enfance,
Te conserve aujourd'hui Molet
Et le singe de Nicolet.

1. Les comédiens français accordèrent une représentation au profit de Molé pour payer ses dettes et la demoiselle Clairon fit une quête à ce sujet. (M.) — Comme on a pu le voir ci-dessus, elle quêtait en noble compagnie.

STATUTS

POUR

L'ACADÉMIE ROYALE DE MUSIQUE[1]

Nous qui régnons sous les coulisses
Et dans de magiques palais,
Nous, juges de l'orchestre, intendants de ballets,
Premiers inspecteurs des actrices [2];
A tous nos fidèles sujets,
Vents, fantômes, démons, déesses infernales,
Dieux de l'Olympe et de la mer,
Habitants des bois et de l'air,
Monarques et bergers, satyres et vestales :
Salut à notre avènement.
Chargés d'un grand peuple à conduire,
De lois à réformer et d'abus à détruire,
Et voulant signaler notre gouvernement;
Ouï notre conseil sur chaque changement

---

1. « M. Barthe, jeune homme de Marseille, auteur de plusieurs pièces de poésie et d'une petite comédie intitulée *l'Amateur*, a fait les statuts de l'Opéra que vous allez lire, ainsi que les notes dont ils sont accompagnés, à l'occasion du changement qui est arrivé dans ce spectacle, MM. Berton et Trial en ayant pris la direction à la place de Rebel et Francœur. » (*Corresp. de Grimm.*)

2. Pas toujours : inspecteur vient du latin *inspicere*.

Que nous désirons introduire,
Nous avons rédigé ce nouveau règlement
Conforme au bien de notre empire.

A tous musiciens connus ou non connus,
Soit de France, soit d'Italie,
Passés, présents, à venir ou venus,
Permettons d'avoir du génie [1].

Vu que pourtant la médiocrité
A besoin d'être encouragée,
Toute passable nouveauté
Par nous sera protégée.
Confrères généreux, nous ferons de grands frais,
Pour doubler un petit succès,
Usant d'ailleurs d'économie
Pour les chefs-d'œuvre de nos jours,
Et laissant la gloire au génie
De réussir sans nos secours.

L'orchestre plus nombreux : sous une forte peine,
Défendons que jamais on change cette loi ;
Six flûtes au coin de la Reine
Et six flûtes au coin du Roi ;
Basse ici, basse là, cors de chasse, trompettes,
Violons, tambours, clarinettes,
Beaucoup de bruit, beaucoup de mouvements,
Surtout pour la mesure un batteur frénétique :

[1]. Permission dont on n'abusera pas.

Si nous n'avons pas de musique,
Ce n'est pas faute d'instruments.

Sur le musicien, même sur l'ariette,
Doit peu compter l'auteur des vers,
Comme à son tour l'auteur des airs
Doit peu compter sur le poète [1].

Si cependant, quoique averti,
Le poète glacé glace toujours de même,
Comme sur l'ennui du poème,
Le public a pris son parti ;
Que les intrigues mal tissues
N'ont plus le droit de l'effrayer ;
Que même des fragments ne peuvent l'ennuyer,
Et que les nouveautés sont toujours bien reçues ;
Pourrons quelques jours essayer
Un spectacle complet en scènes décousues.

Si le poète sans couleur,
Le musicien sans chaleur,
Si tous deux à la fois, sans feu, sans caractère,
Ne donnent qu'un vain bruit de rimes et de sons ;
En faveur des abbés qui lorgnent au parterre
On raccourcira les jupons.

Effrayés de l'abus énorme
Qui coupe l'intérêt par de trop longs repos,

---

[1]. Il faut toujours, en cas de chute, que le musicien et le poète puissent se consoler en s'accusant réciproquement.

Voulions sur les ballets étendre la réforme,
Leur ordonner surtout de paraître à propos,
   En régler le nombre et la forme.
Mais, en méditant mieux, nous avons découvert
Qu'à l'Opéra ce sont les jolis pieds qu'on aime ;
      Il serait, par notre système,
      Très régulier et très désert.
Que les ballets soient donc brillants et ridicules,
      Qu'on vienne encore comme jadis,
      En pas de deux, en pas de six,
      Danser autour de nos hercules ;
Que la jeune Guimard, en déployant ses bras,
      Sautille au milieu des batailles,
      Qu'Allard batte des entrechats
      Pour égayer des funérailles.

Si du moins nos acteurs savaient se concerter,
      Que chaque dieu pût s'acquitter
      Du rôle imposant qu'on lui donne,
      Qu'Apollon sût toujours chanter,
Que l'Amour eût au moins une mine friponne,
Que le grand Jupiter, couvert d'or et d'argent,
      Parût moins gauche sur son trône,
      Le public serait indulgent ;
      Ce qui n'est pas indifférent,
      Car la recette serait bonne.

   Ordre à Pilot de ne plus détoner ;
      A Muguet de prendre un air leste,
      A Durand d'ennoblir son geste,

A Gelin de ne pas tonner [1];
Que Le Gros chante avec une âme [2],
Beaumesnil avec une voix [3];
Que la féconde Arnould se montre quelquefois [4];
Que la Guimard toujours se pâme.

Ordre à nos bons acteurs, pour eux, pour l'Opéra,
D'user modérément des reines des coulisses;
Permettons à Muguet, Pilot, et cætera,
L'usage illimité de toutes nos actrices.

Pour soutenir l'auguste nom
De la royale académie,
On paiera mieux l'amant d'Armide et d'Aricie,
Pollux, Neptune et Phaëton.
Mais qu'ils n'espèrent pas que leur fortune accroisse,
Jusqu'au titre pompeux de seigneur de paroisse [5],
Aux honneurs d'eau bénite et de droit féodal.
Roland, dans son humeur altière,
Doit-il se prétendre l'égal
Ou du chasseur de la laitière
Ou du cocher du maréchal?

Rien pour l'auteur de la musique,
Pour l'auteur du poème, rien.
Et le poète et le musicien

---

1. L'ordre est bon, mais inutile.
2. Plus inutile encore.
3. Car il ne suffit pas d'être jolie.
4. Epithète qui n'est point oiseuse.
5. La Ruette vient d'acheter une terre seigneuriale.

Doivent mourir de faim selon l'usage antique.
Jamais le grand talent n'eut droit d'être payé;
Le frivole obtient tout, l'or, les cordons, la crosse;
            Rameau dut aller à pied,
            Les directeurs en carrosse.

        En attendant que pour le chœur
        On puisse faire une recrue,
De quinze ou vingt beautés qui parleront au cœur
        Et ne blesseront pas la vue,
        Ordre à ces mannequins de bois,
        Taillés en femme, enduits de plâtre,
De se tenir toujours immobiles et froids,
Adossés en statue aux piliers du théâtre [1].

        Tout remplis du vaste dessein
    De perfectionner en France l'harmonie,
        Voulions au pontife romain
        Demander une colonie
De ces chantres flûtés qu'admire l'Ausonie;
Mais tout notre conseil a jugé qu'un castrat,
        Car c'est ainsi qu'on les appelle,
        Était honnête à la chapelle,
        Mais indécent à l'Opéra.

        Pour toute jeune débutante
        Qui veut entrer dans les ballets,

---

1. Ne pourrait-on pas obtenir de M. de Vaucanson qu'il fît une vingtaine de chanteuses en chœur? Ce serait une dépense une fois faite.

Quatre examens au moins, c'est la forme constante;
   Primo, le duc qui la présente,
Y compris l'intendant et les premiers valets;
Ceux-ci près de la nymphe ont droit de préférence.
   Secundo, nous, ses directeurs,
   Tertio, son maître de danse.
   Quarto, pas plus de trois acteurs.

   Fières de vider une caisse,
Que celles qu'entretient un fermier général
   N'insultent pas, dans leur ivresse,
Celles qui n'ont qu'un duc; l'orgueil sied toujours mal
   Et la modestie intéresse.
Que celles qu'un évêque ou qu'un saint cardinal
Visite sur la brune au sortir de l'office
   N'aillent pas imprudemment
   Prononcer dans la coulisse
   Le beau nom de leur amant;
   Voulons qu'au moins on s'instruise
   A parler très décemment,
Et surtout enjoignons qu'on respecte l'Église.

Le nombre des amants limité désormais,
   Et pour la blonde et pour la brune:
   Défense d'en avoir jamais
Plus de quatre à la fois; ils suffisent pour une.
Que la reconnaissance égale les bienfaits,
Que l'amour dure autant que la fortune[1].

---

1. D'après la convention reçue que les filles ont le droit

Que celles qui, pour prix de leurs heureux travaux,
Jouissent à vingt ans d'une honnête opulence,
  Ont un hôtel et des chevaux,
Se rappellent parfois leur première indigence,
Et leur petit grenier, et leur lit sans rideaux.
  Leur défendons, en conséquence,
  De regarder avec pitié
  Celle qui s'en retourne à pied :
  Pauvre enfant dont l'innocence
  N'a pas encore réussi,
  Mais qui, grâces à la danse,
  Fera son chemin aussi.

  Item, ordre à ces demoiselles
  De n'accoucher que rarement ;
En deux ans une fois, une fois seulement :
Paris ne goûte point leurs couches éternelles.
  Dans un embarras maudit
  Ces accidents-là nous plongent ;
  Plus leur taille s'arrondit,
  Plus nos visages s'allongent.

  Item, très solennellement,
  Prononçons une juste peine
Contre l'usurpateur qui vient insolemment,
  L'or en main, dépeupler la scène,
Et ravir à nos jeux leur plus bel ornement.

---

de ruiner leurs amants, la nation les invite à préférer les financiers.

Taxe pour chaque enlèvement,
Et le tarif incessamment
Rendu public dans tout notre domaine ;
Cette taxe imposée à raison du talent,
De la beauté surtout : tant pour une danseuse,
Tant pour une jeune chanteuse,
Rien pour celles des chœurs : nous en ferons présent.

Et comme un point capital,
En toute bonne police,
Est une prompte justice,
Tous leurs procès jugés à notre tribunal ;
Jugés sans nul appel : et l'ordre et la décence
Veulent que chacun à son tour
Comparaisse à notre audience ;
Viendront l'une après l'autre et nous feront leur cour :
Les plus jeunes, d'abord admises ;
Ayant plus de procès, elles pourront nous voir
Dès le matin, à sept heures précises,
Ou vers les onze heures du soir.

Et, pour qu'on ne prétende à faute d'ignorance,
Sera la présente ordonnance
Imprimée, affichée à tous nos corridors,
Aux murs des loges, aux coulisses,
Aux palais des Rolands, aux chambres des Médors,
Et dans les boudoirs des actrices.
De plus, dans nos foyers sera ledit arrêt
Enregistré sous la forme ordinaire.

Pour le bien général et pour notre intérêt,
Détruisant, annulant, autant que besoin est,
  Tout règlement à ce contraire,
  L'an de grâce soixante-sept.
Fait en notre château, dit en langue vulgaire
  Le magasin, près du Palais-Royal ;
   Signé, Le Berton et Trial ;
  Plus bas, Joliveau, secrétaire [1].

ÉTRENNES

AUX

DEMOISELLES DE L'OPÉRA

  Pour vos étrennes,
 Daignez recevoir ces rubans ;
 Si vous vouliez, aimable Ismène [2],
 Je vous ferais d'autres présents,
  Pour vos étrennes.

---

[1]. P.-S. Nous avions résolu de retrancher l'usage impertinent des masques, mais nous avons reçu une députation de nos danseurs qui nous remontrent que cet usage un peu singulier ne laisse pas d'être utile : 1° pour ne pas compromettre leurs figures ; 2° parce qu'il est plus aisé d'avoir un masque qu'une physionomie. Nous avons déféré à d'aussi fortes remontrances.

[2]. Mlle Ledoux. (M.)

Entre vous tant d'amour me montre de vos âmes
　　　La beauté,
Vous vous aimez ainsi, et vous êtes des femmes
　　　La rareté !
Oui, l'on ira vous voir (n'en doutez point, mesdames)
　　　Par curiosité.

　　　De vos beaux yeux vifs, séducteurs[1],
　　　S'élancent mille traits vainqueurs ;
　　　　Votre danse légère,
　　　　　Eh bien ?
　　　　M'exciterait à faire,
　　　　Vous m'entendez bien.

　　　Saint Martin doit sa sainteté
　　　A son amitié pour le diable ;
　　　De sa veste il s'est dépouillé
　　　Pour réchauffer ce misérable :
　　　Si vous voulez dans votre lit
　　　Me réchauffer, car je grelotte,
　　　Vous irez droit au paradis :
　　　Je vous en ouvrirai la porte.

　　　Du dieu d'amour je veux braver les charmes,
　　　　Je crains de rentrer sous sa loi ;
　　　Ce dieu cruel m'a fait verser des larmes.
　　　Vous m'enchantez, de grâce, laissez-moi ;
　　　　Sous votre figure enfantine

---

1. Mlle Vestris. (M.)

Il se glisse dans notre cœur;
Il ne nous offre que la fleur,
Mais il sait nous cacher l'épine.
Sexe charmant ! sexe trompeur !
Jeune Églé[1], laissez-moi mon cœur.

Tu réunis grâces, noblesse[2],
    Et vivacité ;
Tu sais exprimer la tendresse,
    Les jeux, la gaîté ;
L'amour te donne son suffrage,
Ton art l'enchaîne sur tes pas,
Et ce dieu si fier rend hommage
A tes talents, à tes appas.

Lorsque je pense à vos appas[3],
Jamais la nuit je ne sommeille ;
Mourant de plaisir dans vos bras,
Le malheur veut que je m'éveille.
Je vous le dis de bonne foi ;
En doutez-vous, ma belle reine ?
Couchez cette nuit avec moi,
Bientôt vous me croirez sans peine.

Églé[4] possède une fontaine
Dont l'eau, plus pure que la Seine,

---

1. Mlle Tetlingue. (M.)
2. Mlle Martignié. (M.)
3. Mlle Darney. (M.)
4. Mlle Buard. (M.)

Ferait revenir un mourant.
D'y puiser j'aurais grande envie;
Je meurs ! son cœur compatissant
Veut-il bien me sauver la vie?

   Je brûle, je soupire[1],
   Je suis tout hors de moi.
   Si ça dure, j'expire.
   Tête à tête avec toi,
   Permets-moi de dormir,
   Ça pourra me guérir.

Églé, si cette bagatelle[2]
Vous déplaisait, oh ! pour le coup,
Vous sauriez qu'en vos mains, la belle,
Un rien souvent devient beaucoup.

Vous rassemblez auprès de vous[3]
   Les talents et les grâces;
Le dieu des plaisirs les plus doux
   Voltige sur vos traces.
Il a brisé ses traits vainqueurs,
   Mais il n'est pas sans armes;
Car, pour dominer sur les cœurs,
   Il se sert de vos charmes.

---

1. Mlle Demiret. (M.)
2. Mlle Sianne. (M.)
3. Mlle Lany. (M.)

Par ceux que l'on considère[1],
Jugeons des appas secrets;
Ton visage a mille attraits,
Le reste est-il un mystère?
Je te dis depuis longtemps,
Que j'entre, je t'en prie;
Si j'amais je suis dedans
J'y passerai la vie.

Dans vos jeux, jeune Iris, l'amour voit de ses armes[2]
      La beauté!
Fixé par vos attraits, Zéphir vous rend les armes,
      La rareté!
Je voudrais contenter, en parcourant vos charmes,
      Ma curiosité.

Dieux! que de vivacité!
    Dans ses pas, Climène[3]
Peint les plaisirs, la gaîté,
    Elle en est la reine.
Surpris par autant d'attraits,
Peut-on éviter leurs traits?
    La raison propose,
    La danse dispose.

---

1. Mlle Lacour. (M.)
2. Mlle Prudhomme. (M.)
3. Mlle Peslin. (M.)

LE PROCÈS DE BUSSY[1]

Quand Pompée au joug des Romains
Eut soumis les rois de l'Asie,
Et rapporté dans sa patrie
Les lauriers cueillis de ses mains,
Il entendit la sombre Envie
Jeter ses horribles clameurs
Contre la gloire de sa vie,
Contre ses talents et ses mœurs.
Elle appela la calomnie
Du fond de ses antres obscurs,
Et contre lui sa bouche impie
Exhala ses poisons impurs.
Il se vit en proie aux outrages
Des cœurs mercenaires et vains :
Un tas d'avides publicains
Vint insulter à ses images ;
On les vit, au mépris des lois,
En s'arrogeant des droits injustes,
De la main du vengeur des rois

---

1. Épître à M. de Bussy, sur le gain de son procès contre la compagnie des Indes. (M.). — Charles-Joseph Patissier, marquis de Bussy-Castelnau, s'était distingué à l'armée de l'Inde et avait mérité le grade de lieutenant général. Impliqué dans le procès de Lally, il publia un remarquable *mémoire* pour répondre aux injustes attaques dont il était l'objet.

Arracher les palmes augustes
Dont Rome honorait ses exploits.
Aux cris du peuple et de l'armée
L'orateur romain s'éleva[1] :
En voyant la gloire opprimée,
Sa grande âme se souleva.
Dans son héros, aux yeux de Rome,
Ce ferme et généreux soutien
Montra les talents d'un grand homme
Et les vertus du citoyen :
Des foudres de son éloquence
Il terrassa les envieux,
Et le jour doux de l'innocence
Éclaira bientôt tous les yeux.
Ce sénat qui du Capitole
Fit précipiter Manlius[2],
Qui fait encore son idole
De la justice et des vertus,
Marqua la gloire de Pompée
Du décret le plus solennel ;
Et la haine, d'un coup mortel,
Par Thémis même fut frappée.
Pour le plus grand de ses guerriers
Rome enfin rougit d'être ingrate,
Et le vainqueur de Mithridate
Se reposa sous ses lauriers.

1. L'avocat Gerbier. (M.)
2. M. de Lally. (M.)

ÉPIGRAMMES DIVERSES

SUR DORAT [1]

Bon Dieu! que cet auteur est triste en sa gaîté!
Bon Dieu! qu'il est pesant dans sa légèreté!
Que ses petits écrits ont de longues préfaces!
Ses fleurs sont des pavots, ses ris sont des grimaces.
Que l'encens qu'il prodigue est plat et sans odeur!
C'est, si je veux l'en croire, un heureux petit-maître,
Mais, si j'en crois ses vers, oh! qu'il est triste d'être
    Ou sa maîtresse, ou son lecteur [2]!

    Non, les clameurs de tes rivaux [3]
Ne te raviront point le talent qui t'honore;
    Si tes fleurs étaient des pavots,
    Tes jaloux dormiraient encore.

---

1. Claude-Joseph Dorat (1734-1780), après avoir essayé sans succès du théâtre, s'était adonné à la poésie légère, dans laquelle il se signalait surtout par son inépuisable fécondité. C'est la publication du quatrième chant de son poème sur la *Danse* qui lui attira l'épigramme ci-dessus.
2. Cette épigramme, qui fut attribuée à Voltaire, est en réalité de La Harpe.
3. M. de la Louptière a envoyé à M. Dorat le madrigal suivant, à l'occasion de l'épigramme sur les vers de ce poète. (M.)

SUR LE GRAND CONSEIL [1]

Pour un chardon on voit naître la guerre :
Le Parlement à bon droit y prétend,
 Et, d'un appétit dévorant,
 S'apprête à faire bonne chère.
Le Roi leur dit : Messieurs, tout doucement !
 Je ne saurais vous satisfaire.
 Laissez là tout cet appareil ;
Je vois mieux ce qu'il en faut faire ;
Je le garde pour mon Conseil.

SUR MARMONTEL

Marmontel, ton *Bélisaire*
Ne te fera pas renom [2],

---

1. « Le Parlement et le Conseil s'étant battus réciproquement à l'occasion d'un maître des requêtes nommé Chardon, un facétieux a fait cette épigramme. » (*Mém. de Bachaumont.*)

2. Le satirique ne fut point prophète ; *Bélisaire* est de tous les ouvrages de Marmontel celui qui contribua le plus à sa réputation. « L'ouvrage a réussi, écrit Collé, c'est-à-dire l'édition s'en est débitée en fort peu de jours par les allusions et les applications malignes auxquelles il a donné lieu ; et la cour a eu la maladresse d'en arrêter la vente, ce qui a donné la dernière main à sa célébrité, dans le temps que son succès était balancé par les critiques judicieuses que l'on commençait à en faire de tous côtés. »

La Sorbonne ne veut guère
Sauver Socrate et Platon,
Sur leurs vertus disant non.
Quant à ton rite arbitraire,
Le plus sage est de se taire
Pour éviter tout soupçon [1].

SUR LE CONSEIL [2]

Jésus, pardonne l'infamie,
De ces Pharisiens nouveaux;
S'ils ont chassé ta compagnie,
C'est pour adopter tes bourreaux.

1. La Sorbonne consacra un fort volume à la censure de *Bélisaire,* et l'archevêque de Paris le condamna comme entaché d'hérésie dans un mandement qui fut lu au prône.
2. « On a accordé la liberté aux juifs d'entrer dans le commerce de France, conséquemment dans l'ordre de citoyens et dans les charges municipales. Un caustique a fait ce quatrain. » (*Mém. de Bachaumont*).

ANNÉE 1768

REQUÊTE

DES FIACRES DE PARIS

CONTRE LES CABRIOLETS

Vous, Monseigneur[1], dont la justice
Aux infortunés est propice,
Et dont le zèle vigilant,
Sans causticité, sans caprice,
Contient un peuple turbulent
Dans les règles de la police,
Nous implorons votre secours :
Accordez-nous votre assistance,
Et sauvez par votre prudence
Les jambes, les bras et les jours
Des pauvres fantassins de France
Qui sont victimes et jouets

---

1. M. de Sartine, lieutenant de police.

Des importuns cabriolets.
Tous les jours le nombre en augmente;
Ils ont fait renchérir le foin,
Et, dans le moindre petit coin,
D'un coup d'œil on en compte trente
Qui viennent de près ou de loin,
Avec une ardeur pétulante,
Presser, écraser sans pitié
Les citoyens qui vont à pied.
Pour le salut des créatures
Il serait de nécessité
Que, dans tout pays habité,
On ne pût mener des voitures
Sans avoir la majorité.
Sur l'âge et les courses rapides
L'on n'a rien à nous reprocher;
Un fiacre sait tenir des guides,
Quoiqu'on nous taxe d'accrocher;
Et la place est les Invalides
Où se retire un vieux cocher,
Quand il est de ces vieux druides
Que l'on ne veut plus débaucher.
Autrefois, stylés au manège,
Nous jouissions du privilège
De mener autour de Paris,
A la Villette, à Saint-Denis,
L'amour et le riant cortège
Des jeux, des grâces et des ris :
Le cabriolet nous remplace
Tant aux guinguettes qu'à la chasse;

Et les amants vont deux à deux
Chercher les plaisirs amoureux,
Sans songer que la populace
Se scandalise de leurs feux,
Que nos panneaux mieux qu'une glace
Cachaient aux regards curieux.
L'on nous traite comme des Poacres;
Notre nom est injurieux,
Et vous rencontrez en tous lieux
Cent cabriolets pour deux fiacres.
Or leur nombre prodigieux
Cause tous les jours des massacres.
L'on ne voit point de freluquet
Qui, fier dans son cabriolet,
Ne risque d'arracher la vie
A des sourds, à l'infanterie
Qui, sur son corps, porte un paquet,
Et qui justement jure et crie
Contre le transport indiscret
D'un phaéton portant plumet,
Qui, tout en passant, l'injurie
Et lui détache un coup de fouet
Avec un ton de tyrannie
Comme il ferait à son valet.
Si vous marchez de compagnie,
Vous vous sentez à tout propos
L'homme et le bidet sur le dos,
Et l'on croirait que dans la rue
On fait des courses de chevaux
Pour en écarter la cohue,

Où pour amuser les badauds
Qui sont plantés comme une grue.
Dans un galant ajustement,
En se brouettant lestement,
Le maître de chant ou de danse
Apprend les lois du mouvement
Et les règles de la cadence.
Le pourvoyeur et le maçon,
Le charpentier et le charron
Se servent dans la matinée
D'un char pour faire leur tournée.
Le petit-maître audacieux,
Dans un déshabillé crasseux,
Et suivi d'un grand escogriffe,
N'ayant qu'un peigne à ses cheveux,
Mais plus insolent qu'un calife,
Vous colle au mur les gens de bien;
L'on croirait qu'il a quelque affaire,
Mais tout le jour il ne fait rien;
Il vole aux couvents de Cythère,
Encenser l'Amour et sa mère,
Et travailler comme un vaurien
Pour l'intérêt du chirurgien.
L'on voit aussi des demoiselles
Que la frisure ou les dentelles
Mettent dans le cas de marcher,
Et qui, sur le point d'accrocher,
En criant nous cherchent querelle
Et jurent comme un vrai cocher.
L'on voit enfin jusqu'à des prêtres,

Des barbons, des petits-collets,
Des robins et des marmousets
Nous prendre par derrière en traîtres,
Et lâcher des mots indiscrets,
Aussi bien que des petits-maîtres.
L'exemple est toujours attrayant;
Ceux qui fréquentent nos écoles
Apprennent à lâcher autant
De jurements que de paroles :
Pour nous ce sont des babioles ;
Mais c'est un véritable abus
Que cette roulante affluence
Qui fait circuler la licence,
Et c'est à la campagne au plus
Qu'on en peut souffrir l'indécence.
Paris nous offre un gouffre immense
Où l'on ne trouve qu'embarras ;
Les voitures en abondance,
Les bâtiments et les plâtras
Dont on a triplé le fatras,
Les tombereaux et leur séquelle,
Les paveurs avec leurs amas
Ont de quoi tourner la cervelle,
Et nous risquons au premier pas
De nous voir réduits en cannelle.
Nous avons de faibles chevaux
Qui n'ont que la peau sur les os ;
Il semble que ces pauvres rosses
N'oseraient traîner leurs carrosses,
De peur de les mettre en morceaux.

De plus, les maudits imbéciles
N'ont pas l'esprit de reculer
Quand on leur a fait enfiler
Des routes un peu difficiles,
Et de là naît l'engorgement
Qu'on voit grossir en un moment.
Un cabriolet criant : gare !
Vient se fourrer dans la bagarre,
Et croit pouvoir nous commander
De disparaître ou de céder,
Parce qu'il fait du tintamarre.
Sur le point de se culbuter,
Un beau monsieur nous apostrophe ;
Nous cherchons à lui riposter,
Puisqu'il s'est fait de notre étoffe ;
Alors il peut en résulter
Une fâcheuse catastrophe
Que nous ne pouvons éviter,
N'ayant pas l'esprit philosophe.
Tandis qu'on crie en B, en F,
L'on voit s'accumuler en bref
Des vis-à-vis, des diligences ;
C'est à qui criera le plus fort ;
Les laquais commencent d'abord
Par vomir des impertinences,
Le maître fait des remontrances,
Le pauvre fiacre a toujours tort,
Même quand on l'a mis à mort.
Nous étions déjà trop à plaindre,
Et ces chiens de cabriolets,

Viennent nous achever de peindre
Et de nous couper les jarrets.
Juchés nuit et jour sur le siège,
Par le vent, la pluie et la neige,
Nous gagnons à peine du pain.
Un chaos éternel nous tue,
Et pour apaiser notre faim,
Sans que l'on nous perde de vue,
La salle à manger est la rue
Et la table est notre avant-train.
Nos coursiers, privés de tout voile,
Pour ne point devenir trop gras,
Sont faits à prendre leur repas
Comme nous, à la belle étoile,
Et mangent peu tant ils sont las.
Aussi notre style oratoire,
Quand on nous a fait voyager,
Est-il de demander pour boire
Sans parler jamais de manger;
Car dans le vin est notre gloire :
Mais quand on nous donne deux sous,
Si nous entrons à la taverne
Pour y boire quatre ou cinq coups,
On nous reproche d'être soûls ;
On nous invective, on nous berne,
Et le public est contre nous.
Il est décidé dans le monde
Qu'un fiacre n'a jamais raison,
Soit qu'on le rosse ou qu'on le gronde,
Qu'il ait chaud ou qu'il se morfonde,

Il doit sans humeur tenir bon
Contre l'aigreur de la saison.
Si par un sommeil favorable,
Dans la fatigue qui l'accable,
Il est pour un instant saisi,
Et qu'il se tienne rabougri
Sur son grabat doublé de paille,
Par le vin il semble abruti :
On le culbute, on le tiraille,
On le force à s'en arracher :
Pour se réveiller et marcher,
Il se frotte les yeux, il bâille,
Il se guinde maussadement;
Il part, et machinalement
Il fait résonner sa ferraille.
Ainsi, mal vêtus, mal nourris
Et toujours peignés à la diable,
Nous sommes le plus misérable
De tous les êtres de Paris.
Voyez avec quelle arrogance
Nous traitent les cochers bourgeois;
Ils méprisent notre indigence
Et nous maltraitent plus, cent fois,
Que si nous n'étions pas des hommes,
Sans songer qu'avant quelques mois
Ils deviendront ce que nous sommes
Et seront peut-être aux abois.
Un aigrefin à mine fière
Nous fait marcher la canne en main
Du Marais à la Grenouillère,

Et puis du faubourg Saint-Germain
Il nous remène à la barrière
Qui se trouve sur le chemin
De Saint-Denis ou de Pantin,
Toujours en ne nous payant guère,
Souvent en ne nous payant brin.
Exigeons-nous notre salaire ?
L'on voit aussitôt le faquin
Nous traiter de gueux, de gredin ;
Il sacre, il se met en colère,
Et sur notre dos débonnaire
Sa lourde canne va son train,
Sous les yeux d'un peuple malin
Qui rit et qui le laisse faire.
Nos malheurs sont encore certains
Quand nous côtoyons les spectacles,
Nous y rencontrons mille obstacles ;
Et trente soldats inhumains,
Pour divertir leurs camarades,
Si nous tombons entre leurs mains,
Nous excèdent par des bourrades
Qui nous rendent morts ou malades.
Souvent, au milieu des chemins,
A force de coups, de saccades,
Nos chevaux viennent à crever ;
Il faut les remplacer par d'autres,
Et nous donnons gratis les nôtres
A qui veut bien les enlever.
Mais comment pouvoir en trouver ?
Dans les marchés et dans les foires

On ne nous fait point de crédit;
Nos misères sont si notoires
Qu'on nous fait payer sans répit,
Et celui qui nous accommode
Nous donne pour nos quatre écus,
Ou pour quinze francs tout au plus,
Un cheval aussi vieux qu'Hérode,
Qui n'a ni jambes ni vertus,
Et qui crève comme une gaude.
Soit à la ville, soit aux champs,
Nous bravons le soleil, la lune,
Les mauvais pas, les mauvais temps,
Et l'on ne voit pas en cent ans
Un fiacre qui fasse fortune.
Enfin nous avons tant de mal,
Que, pour terminer notre vie,
Les chevaux vont à la voirie
Et le cocher à l'hôpital,
Où sans train, sans cérémonie
Et sans craindre la maladie,
Il attend le terme fatal
Qui met fin à sa gueuserie.
Le récit d'un si triste état
Doit, juste et sage magistrat,
Toucher votre âme bienfaisante
Qui rend notre ville brillante.
Sans vous distraire de vos soins,
Daignez vous occuper des nôtres;
Très éclairé, ni plus ni moins,
Vous éclairez aussi les autres,

Et pourrez calmer nos besoins.
Voici le moyen de le faire
Sans vous constituer en frais,
Quoiqu'on prétende que jamais
On ne saurait nous satisfaire :
Dans Paris, l'on compte à peu près
Quatre mille cabriolets
Qui nous jettent dans la misère.
Eh bien ! Monseigneur, taxez-les ;
Ordonnez qu'on les étiquette
Comme on nous a numérotés,
Et qu'ils soient enregimentés
Comme la chaise et la brouette,
En payant par an quinze francs,
A répartir entre les fiacres ;
Ils nous rendront joyeux, contents,
Et dociles comme des Quacres.
Ils auront le haut du pavé
Quand ils passeront dans la rue ;
Vous, dans notre conseil privé,
Vous obtiendrez une statue,
Et serez, par nous, élevé
Jusques au sommet de la nue.
Nous aurons des chevaux meilleurs,
Et nos carrosses plus commodes
Ne rompront plus aux voyageurs
Le crâne ni ses antipodes.
Nos mors, nos brides, nos panneaux
Seront plus solides, plus beaux,
Et vous diminuerez le nombre

Des blessés que par mal encombre
Il faut porter aux hôpitaux.
La chaise d'un jeune plumet
Doit être également timbrée,
Ordonnez donc que le cachet
Soit empreint en lettres dorées :
C'est une école où la livrée,
Pendant le cours d'un long trajet,
Étudiera son alphabet.
Mais que chaque marque privée
Ne soit pas mise en lieu secret,
Et, pour annoncer l'arrivée,
Donnez ordre que les chevaux
Soient environnés de grelots.
Quand, par excès de pétulance,
Ces messieurs, qui font les charmants,
Par leur maladroite imprudence
Auront écrasé les passants,
Il est d'une extrême importance
Qu'on connaisse les délinquants
Pour les condamner à l'amende,
Aux dommages, aux pansements,
En y joignant la réprimande
Outre les divers châtiments
Que la voix publique demande.
Le citoyen le plus pressé
Est celui qui n'a rien à faire,
En courant après la chimère,
Avec le train d'un insensé ;
L'homme utile est par lui blessé,

Sans qu'il s'en embarrasse guère :
Car un grand coureur est passé
Avant qu'on ait un commissaire.
La décence, la sûreté
Ont besoin de cette réforme ;
En prescrivant un uniforme,
L'étourdi sera décrété.
Un abbé, ne fût-il que diacre,
Une nymphe avec son amant
Se promènent moins décemment
Dans un cabriolet qu'en fiacre.
Enfin les différents états
Ne nous casseront plus les bras,
Et l'on n'aura plus dans les rues
La tête ou les jambes rompues ;
En un mot, sur les boulevards,
L'on trouvera moins de cohues.
Réprimez ces fréquents écarts,
Vous qui protégez la faiblesse
Des sourds, des enfants, des vieillards,
Et dont la sensible sagesse
A fait à la pauvre jeunesse
Ouvrir le templs des beaux-arts.
Si votre bonté s'intéresse
Pour les fantassins et pour nous,
Notre sort deviendra plus doux,
Chacun vous bénira sans cesse,
Et saint Fiacre priera pour vous.

LES

PROPHÉTIES DE LA SORBONNE[1]

Au *prima mensis* tu boiras
Assez mauvais vin largement ;
En mauvais latin parleras
Et en français pareillement.

Pour et contre clabauderas
Sur l'un et l'autre Testament ;
Vingt fois de parti changeras
Pour quelques écus seulement[2].

Henri Quatre tu maudiras
Quatre fois solennellement[3],

1. « La Sorbonne est aujourd'hui l'objet des sarcasmes de tous nos modernes philosophes ; chaque jour voit naître et mourir des pamphlets contre elle où l'on se plaît à rappeler des anecdotes peu flatteuses ; on vient d'imprimer des *prophéties* où elle est fort maltraitée. Sa censure sur *Bélisaire* a fait sortir de l'obscurité toutes ces misères, qui ne font pas beaucoup d'honneur à l'esprit qui les produit, mais qui produisent toujours un effet très malheureux en rendant méprisable un corps qui doit être respecté. » (*Nouvelles à la main* ; Bib. Mazarine.)

2. On a encore à Londres les quittances des docteurs de Sorbonne consultés, le 2 juillet 1530, sur le divorce de Henri VII par Thomas Krouck, agent du tyran, qui délivra l'argent aux docteurs. (M.)

3. Il y eut quatre principaux libelles de Sorbonne, ap-

La mémoire tu béniras
Du bienheureux Jacques Clément [1].

La bulle humblement recevras
L'ayant rejetée hautement;
Les décrets que griffonneras
Seront sifflés publiquement [2].

Les jésuites remplaceras
Et les passeras mêmement :
A la fin, comme eux, tu seras
Chassée très vraisemblablement [3].

pelés *Décrets,* qui méritaient le dernier supplice. Le plus violent est du 17 mars 1590. On y déclare excommunié et damné le grand Henri IV, ainsi que tous ses fidèles sujets. (M.)

1. Le moine Jacques Clément, étudiant en Sorbonne, ne voulut entreprendre son saint parricide que lorsque soixante-douze docteurs eurent déclaré unanimement le trône vacant et les sujets déliés du serment de fidélité, le 7 janvier 1589. (M.)

2. On sait que la Sorbonne appela de la bulle *Unigenitus* au futur concile, en 1718, et la reçut ensuite comme règle de foi. (M.)

3. C'est ce qui vient d'arriver, et ce qui désormais arrivera toujours. (M.)

LA

MISSION DU PRÉSIDENT OGIER[1]

Pour les fanges de la Vilaine
Quitter les trésors de la Seine,
Cher Ogier, quel aveuglement!
Tu veux passer bien saintement
La rigoureuse quarantaine,
Reçois mes adieux : Carnaval
Est trop bien ici pour te suivre

1. Le duc d'Aiguillon avait résolu de faire enregistrer par édit un règlement inique qui devait avoir pour résultat de détruire totalement les anciennes constitutions de la Bretagne, et d'ériger en loi tous les abus d'autorité et toutes les violences qu'il avait commis. Choiseul, inquiet de l'ambition du commandant et désireux de mettre un terme aux troubles provoqués par lui, décida le Roi à convoquer à Saint-Brieuc une assemblée extraordinaire des états qui délibérerait librement sur le règlement projeté. « Il proposa de charger de cette commission le président Ogier, personnellement agréable à Sa Majesté dont elle aimait l'esprit de douceur et de conciliation, en qui elle avait une confiance particulière. D'ailleurs homme de loi très instruit des formes et qui, dépouillé de tout l'appareil militaire du commandant, n'aurait que l'air d'un pacificateur. Louis XV se rendit, ou plutôt se laissa entraîner et le commissaire fut nommé... Les Bretons avaient trop à cœur de faire succéder le calme à l'orage, dès que le président Ogier paraîtrait. Jamais plus de concert ne régna dans les assemblées ; jamais plus d'union entre les ordres... Le président fut obligé de faire l'éloge des Bretons à la cour. » (*Vie privée de Louis XV.*)

Dans un pays où tout va mal,
Où pas un homme ne s'enivre,
Nulle femme n'y songe au bal.
Longtemps j'en ai fait mes délices,
Mais depuis un lustre je vois
Qu'on ne parle à ces bons Gaulois
Que de dragons et de supplices ;
Que, pour les réduire aux abois,
De par le plus juste des Rois,
On a fait cent mille injustices
Et violé quarante lois.
Malheureux ! la cour les abhorre
Et les hait : c'est le bon ton.
Que vas-tu faire en ce canton?
Tu brûles d'être utile encore
A notre bien-aimé Bourbon ;
Tu veux que son peuple breton
Plus que jamais l'aime et l'adore
Et ne tremble plus à son nom.
Quoi donc ! oserais-tu lui dire
Qu'en dépit de leurs ennemis
Les Bretons sont les plus soumis,
Les plus zélés de son empire?
Je te crois un peu trop prudent :
Dans ce pays, cher président,
Répands de nouvelles alarmes :
Prends ce qui lui reste d'argent,
Laisse-lui ses fers et ses larmes.

O vous que le plus grand et le meilleur des Rois[1]
Pour finir nos malheurs honora de son choix,
Des faveurs de Louis sage dépositaire,
  Vous, notre illustre appui, notre ange tutélaire,
  O généreux Ogier ! en quittant ces climats
  Quel flatteur souvenir ne nous laissez-vous pas?
Ah! qu'avec juste titre à votre bienfaisance
Le plus doux sentiment de la reconnaissance
Conserve pour jamais un temple en tous les cœurs.
De nos mains, en partant, daignez prendre ces fleurs,
Nous vous les présentons au nom de Flore même ;
Et mettant en vous seul sa confiance extrême,
Flore aux cris des Bretons ose mêler ses cris
Et vous dit avec eux, en bénissant Louis :
  Achevez, sage Ogier, de calmer nos alarmes;
  Du bonheur sur ces bords assurez le retour :
Portez aux pieds du Roi nos soupirs et nos larmes,
Et portez-y surtout nos respects, notre amour.

1. « Quoique les vers suivants ne soient pas merveilleux, on ne peut se refuser de les insérer ici comme historiques et ne se trouvant imprimés nulle part. Ils ont été présentés à M. le président Ogier par les jeunes jardiniers qui sont venus à son passage par Rennes, avec des corbeilles de fleurs, vêtus galamment. » (*Mém. de Bachaumont.*)

LES LANTERNES DE PARIS[1]

Or écoutez, petits et grands,
L'histoire d'un événement
Qui va pour jamais être utile
A Paris, notre bonne ville;
Nous, nos neveux en jouirons;
Les étrangers admireront.

Jadis vingt verres joints au plomb
Environnaient un lumignon
Qui, languissant dans sa lanterne,
Rendait une lumière terne :
Cela satisfit nos aïeux,
C'est qu'ils ne connaissaient pas mieux.

Parut un monsieur Rabiqueau,
Lequel, en creusant son cerveau,
Parvint par l'art du réverbère
A renvoyer une lumière

---

1. « M. de Sartine, conseiller d'État et lieutenant général de police, s'est occupé depuis nombre d'années du projet de mieux éclairer la ville de Paris pendant la nuit. Le problème n'est pas aisé à résoudre quand on ne peut pas y mettre l'argent nécessaire. Après bien des essais, ce digne magistrat s'est fixé à une espèce de lanternes à réverbère qui éclaireraient en effet fort bien, si elles étaient un peu

Avec laquelle à deux cents pas
On lisait dans les *Colombats*[1]..

De police un ministre actif,
A tout bon avis inventif,
D'après cela forme en sa tête
Son projet, et fait force enquête,
Force essais pour trouver le bon,
De la moins coûteuse façon.

Enfin il le trouve à souhait.
Mais après tout son calcul fait
De l'argent et de la dépense,
Calcul qu'exigeait sa prudence,
Il voit qu'il lui faudra douze ans;
Pour des Français c'est bien longtemps.

Sûr que cet établissement
Aux Parisiens paraît charmant,
Qu'on sent combien il est utile,
Il propose un moyen facile
D'en hâter l'exécution.
Par libre contribution.

plus rapprochées. Mais la pauvreté de la caisse publique exige qu'elles soient placées à une grande distance les unes des autres... Plusieurs habitants des principales rues se sont cotisés librement pour faire le premier achat de ces lanternes nouvelles, et pour en jouir dès à présent. » (*Corresp. de Grimm.*

1. Almanachs très répandus au XVIIIe siècle, et imprimés en petits caractères.

Afin de promptement jouir,
Aussitôt chacun d'accourir :
Ici ce sont les locataires,
Là ce sont les propriétaires
Qui, pour voir la nuit en marchant,
Apportent de l'argent comptant.

Tout ainsi que les opulents,
S'empressent marchands, artisans ;
Chacun se dispute la gloire
De ne plus avoir de rue noire ;
Ce concours va rendre Paris
Clair la nuit tout comme à midi.

Il en est qui disent : Tant pis !
Aussi sont-ils de Dieu maudits.
Les unes pour certaine affaire [1],
Les autres enclins à méfaire [2],
Gagnant tout par l'obscurité,
Perdront tout par cette clarté.

Mais, en dépit d'eux, on louera
En prose, en vers, on chantera
L'illustre monsieur de Sartine [3],

---

1. Les raccrocheuses. (M.)
2. Les voleurs. (M.)
3. « Je souscris de tout mon cœur à l'éloge de M. de Sartine, homme d'un rare mérite, qui exerce un ministère de rigueur et d'inquisition avec autant de douceur que de fermeté et de vigilance. Mais je ne souscris pas également à l'éloge que l'on fait des nouvelles lanternes. Ces lampes

Par qui la ville s'illumine,
Et le bonheur d'avoir un Roi
Qui d'hommes sait faire un tel choix.

LA TRAGÉDIE DE BEVERLEY[1]

Grace à l'anglomanie, enfin sur notre scène
Saurin[2] vient de tenter la plus affreuse horreur;

sépulcrales à réverbères, suspendues au milieu des rues éblouissent encore plus qu'elles n'éclairent. On ne peut y porter les yeux sans être aveuglé par ces plaques de fer-blanc qui renvoient la lumière. Ces lampes ont encore l'inconvénient d'être ballottées par le vent dans les temps d'orage, et par conséquent de s'éteindre quand elles seraient le plus nécessaires. » (*Corresp. de Grimm.*)

1. « Le samedi 7 mai, je fus à la première représentation de *Beverley*, tragédie bourgeoise en cinq actes et en vers libres ; c'est le *Joueur* anglais, imité et traduit par M. Saurin... Cette pièce a eu un plein succès. Malgré cela, je crains fort qu'elle n'ait pas un grand nombre de représentations ; elle attache, mais elle n'intéresse nullement. On n'y est point attendri, mais oppressé ; on n'y pleure pas, on étouffe ; on en sort avec le cauchemar... C'est le goût anglais : ce peuple mélancolique, cruel et souvent atroce, veut être remué fortement. Jusqu'ici le Français n'a pas eu besoin de ce *tragicatos* pour être ému et répandre des larmes à nos spectacles, et il faut espérer que cette barbarie et cette ostrogothie ne s'établiront pas chez nous, malgré les efforts de nos philosophes. » (*Journ. de Collé.*)

2. Bernard-Joseph Saurin, poète dramatique français, (1706-1781), après s'être signalé par plusieurs essais infruc-

En Bacchante on veut donc travestir Melpomène.
Racine m'intéresse et pénètre mon cœur
  Sans le broyer, sans glacer sa chaleur.
Laissons à nos voisins leurs excès sanguinaires.
Malheur aux nations que le sang divertit !
Ces exemples outrés, ces farces mortuaires
  Ne satisfont ni l'âme ni l'esprit.
Les Français ne sont point des tigres, des féroces
Qu'on ne peut émouvoir que par des traits atroces.
  Dérobez-nous l'aspect d'un furieux.
Ah ! du sage Boileau suivons toujours l'oracle !
Il est beaucoup d'objets que l'art judicieux
Doit offrir à l'oreille et reculer des yeux.
  Loin en ce jour de crier au miracle,
  Analysons ce chef-d'œuvre vanté :
Un drame tantôt bas et tantôt exalté,
Des bourgeois ampoulés, une intrigue fadasse,
Un joueur larmoyant, une épouse bonasse,
Action paresseuse, intérêt effacé,
Des beautés sans succès, le but outrepassé,
Un fripon révoltant, machine assez fragile,
Un homme vertueux, personnage inutile,
Qui toujours doit tout faire et qui n'agit jamais.
Un vieillard, un enfant, une sœur indécise,
Pour catastrophe, hélas ! une horrible sottise ;
  Par ce discours, très peu d'effets,
Suspension manquée, on sait partout d'avance

---

tueux, avait obtenu en 1760 un grand succès avec sa tragédie de *Spartacus,* qui lui valut un fauteuil à l'Académie.

Ce qui va se passer ; aucune vraisemblance
Dans cet acte inhumain, ni dans cette prison
Où Beverley, d'une âme irrésolue,
Deux heures se promène en prenant son poison,
Sans remarquer son fils qui lui crève la vue,
  Ce qu'il ne voit qu'afin de l'égorger.
D'un monstre forcené le spectacle barbare
Ne saurait attendrir, ne saurait corriger ;
Nul père ayant un cœur ne peut l'envisager.
Oui, tissu mal construit et de tout point bizarre,
  Tu n'es fait que pour affliger.
Puisse notre théâtre, ami de la nature,
Ne plus rien emprunter de cette source impure[1] !

LE ROI DE DANEMARK

A PARIS

Enfin j'l'ons vu, d'nos deux yeux,
 Ce roi qui n'cherche qu'à plaire[2],
Louis, est dit-on fort joyeux,
 D'avoir un si charmant confrère,

---

1. On peut lire une analyse et une critique minutieuse de cette tragédie dans la *Correspondance littéraire de Grimm* (mai 1768).
2. Christian VI, roi de Danemark (1749-1808), fit un

A son air doux, affable et bon,
Vous l'prendriez pour un Bourbon[1].

Quoiqu'il soit depuis longtemps
Accoutumé qu'on le fête,
L'hommage qu'ici l'on lui rend
De plaisir lui tourne la tête.
Dam' c'est qu'il voit bien qu'à Paris
C'est de bon cœur qu'on reçoit ses amis.

Ce fut vendredi dernier
Que chez lui j'allâmes nous-même,

voyage en Angleterre et en France, deux ans après être monté sur le trône.

« Il a le plus grand succès ici, écrivait Mme du Deffand ; on lui rend tous les honneurs dus à la majesté. Il arriva le lundi 21 (octobre) à Paris ; le lundi 24, il fut à Fontainebleau... Le Roi était à la chasse ; dès qu'il fut de retour il lui envoya dire que quand on était vieux il fallait faire une toilette avant que de se laisser voir. La toilette faite, M. de Duras fut le chercher et le conduisit chez le Roi, lequel alla au-devant de lui jusqu'à la porte de son cabinet et l'embrassa très cordialement. » — « Ce prince, observe Collé, qui n'est âgé que de vingt ans et qui voyage pour s'instruire, emporte l'estime des nations chez lesquelles il voyage ; on cite de lui mille traits sensés et spirituels. »

[1]. Horace Walpole écrivait à Mme du Deffand, en parlant de ce prince : « Ce n'est point le roi de Danemark qui vient de débarquer dans notre île, c'est l'empereur des fées. Son visage n'est pas mal ; il est assez bien fait, et son air dans un microscope est très imposant. Il est poli, sérieux, fort attentif et sa curiosité déjà usée. Il est accompagné d'une chevalerie entière de cordons blancs, ce qui fait que cette cour ambulante a tout l'air d'une croisade .»

Ce roi-là fait bien son métier,
Car il veut que tout l'monde l'aime.
En fréquentant souvent Louis,
Il n'changera pas sitôt d'avis.

On peut bien dire, sans l'flatter,
Que pu fin qu'lui n'est pas bête,
Car partout on n'fait qu'raconter
Ce qu'à chacun il dit d'honnête ;
S'il a tant d'esprit à présent,
Jugez ce que s'ra en vieillissant.

LA BOURBONNAISE[1]

La Bourbonnaise
Arrivant à Paris
A gagné des louis,
La Bourbonnaise
A gagné des louis
Chez un marquis.

---

1. La Bourbonnaise se répandit dans toute la France sous les paroles plates et triviales du vaudeville ci-dessus. Les courtisans malins y découvrirent une allégorie relative à Mme du Barry. Elle a donné lieu à une multitude d'autres. Le huitième couplet qui la caractérise mieux ne se trouve pas dans les recueils imprimés ; il a été vraisembla-

Pour apanage
Elle avait la beauté,
Mais ce petit trésor
Lui vaut de l'or.

Étant servante
Chez un riche seigneur,
Elle fit son bonheur
Par son humeur.

Toujours facile
Aux discours d'un amant,
Ce seigneur la voyant,
Prodiguait les présents.

De bonnes rentes
Il lui fit un contrat;
Elle est dans la maison
Sur le bon ton.

De paysanne
Elle est dame à présent,
Porte les falbalas
Du haut en bas.

blement composé après coup. L'approbation de M. de Sartine est du 16 juin 1768, le temps précisément où cette beauté venait d'être produite au Roi à la sourdine. (M.) — Mme du Barry fut en secret la maîtresse du Roi, pendant la fin de l'année 1768, parce que Louis XV était en grand deuil de la mort de la Reine survenue le 24 juin.

En équipage
Elle roule grand train,
Et préfère Paris
A son pays.

Elle est allée
Se faire voir en cour;
On dit qu'elle a ma foi
Plu même au Roi.

Filles gentilles,
Ne désespérez pas,
Quand on a des appas,
Filles gentilles,
On trouve tôt ou tard
Pareil hasard.

UNE FILLE DE RIEN [1]

Quelle merveille !
Une fille de rien,
Une fille de rien,
Quelle merveille,

1. On fit d'autres chansons qui n'étaient pas équivoques et qui, sans courir les rues, furent très répandues : voici la plus naïve et la plus piquante en même temps. (M.)

Donne au Roi de l'amour,
  Est à la cour.

Elle est gentille,
Elle a les yeux fripons,
Elle excite avec art
  Un vieux paillard.

En maison bonne
Elle a pris des leçons,
Chez Gourdan, chez Brissot[1];
  Elle en sait long.

Que de postures !
Elle a lu l'Arétin ;
Elle sait en tous sens
  Prendre les sens.

Le Roi s'écrie :
Lange, le beau talent[2] !

---

1. Célèbres maq... de Paris. (M.)

2. La demoiselle Lange, fille publique à Paris, vivait par-dessus le marché avec un sieur du Barry, homme des plus mauvaises mœurs et fort intrigant. Ce malheureux se fit jour à la cour et parvint jusqu'aux oreilles du Roi et fit connaître à Sa Majesté ladite demoiselle, dont la figure réussit aux yeux du Roi ; petit à petit, l'intrigue se forma, soutenue et conduite par le maréchal de Richelieu et le duc d'Aiguillon, qui cherchaient à se faire un appui auprès du trône pour attaquer plus sûrement le duc de Choiseul. Cette passion naissante du souverain fut d'abord combattue par toutes les personnes qui, l'environnant, lui

Le Roi s'écrie :
Lange, le beau talent !
Encore aurais-je cru,
Faire un cocu.

étaient les plus véritablement attachées ; son médecin même osa lui en parler, mais la demoiselle avait pour elle qu'étant instruite dans toutes les ressources du libertinage, elle flattait l'amour-propre et les sens d'un prince presque sexagénaire et encore sensible aux charmes de l'amour. Pour essayer de lui faire perdre son ancien vernis on l'avait mariée à un frère de ces du Barry, qui se prétendaient issus des fameux lords Barry et prirent leur devise *Boute en avant*. La nouvelle dame du Barry fut logée dans le château de Versailles ; cependant aucune femme de la cour ne la voyait ; les seigneurs qui allaient chez elle étaient notés et les vrais serviteurs du Roi s'y refusèrent jusqu'aux dernières extrémités. Il fut longtemps incertain si elle serait présentée, le Roi ne pouvait se dissimuler l'effet que cela faisait sur les esprits des grands; aucune femme de la cour ne voulait se charger de la présentation ; enfin une madame de Béarn ayant accepté la commission, la passion l'emporta et le jour fut pris ; on assure pourtant que ce jour-même le Roi était encore incertain et que la présentation n'aurait pas eu lieu si le maréchal de Richelieu n'eût dit au Roi qu'elle était prête; cela fit la sensation la plus cruelle dans la famille royale et dans toute la cour. On commence à s'y accoutumer et c'est par ce personnage qu'on a vu, en 1769, remplir la place de maîtresse du Roi en titre d'office, vacante depuis la mort de la marquise de Pompadour. Elle a toutes les grâces extérieures de la figure, on dit qu'elle a les charmes secrets du plaisir, on ajoute qu'elle est dépourvue d'esprit, qu'avant de paraître à la cour elle n'avait pour elle qu'un ton grivois qui avait dégoûté plusieurs de ses amants, que depuis sa fortune elle se règle, pour son ton et ses manières, sur les conseils qu'on lui donne, ce qui ne l'empêche pas de commettre de fréquentes indiscrétions.(M.)

ÉPIGRAMMES DIVERSES

SUR LE ROI DE DANEMARK[1]

Un roi qu'on aime et qu'on révère
N'est étranger dans nuls climats :
Il a beau parcourir la terre,
Il est toujours dans ses États.

SUR M. DE DURAS[2]

Frivole Paris, tu m'assommes
De soupers, de bals, d'opéras !

---

1. « Dans la fête que Mme la duchesse de Mazarin a donnée au roi de Danemark, une femme de la compagnie lui chanta ces vers pendant le souper. » (*Mém. de Bachaumont.*)

2. « Les beaux esprits de ce pays-ci ont été scandalisés de n'avoir pas été fêtés, autant qu'ils l'espéraient, du roi de Danemark, ainsi qu'on l'a dit. A l'exception de quelques encyclopédistes, qui lui ont été présentés, il paraît qu'aucun n'a été admis familièrement auprès de ce monarque ; et, s'il n'avait été aux Académies peu de jours avant son départ, il partait sans connaître cette précieuse partie d'hommes choisis de la capitale. Ils attribuent une telle négligence à M. le duc de Duras, qui ne s'est pas prêté au goût du prince et a laissé couler le temps sans le satisfaire à cet égard autant qu'il le désirait. Un des

Je suis venu pour voir des hommes,
Rangez-vous, monsieur de Duras!

SUR MADAME DE COASLIN [1]

Je cherche des grâces légères,
Un cœur honnête, un esprit fin :
Retirez-vous, beautés grossières,
Laissez approcher Coaslin!

SUR LE PARLEMENT [2]

Tandis qu'au temple de Thémis
On opinait sans rien conclure,

mécontents a exhalé sa bile dans une épigramme, répandue depuis peu seulement. C'est le roi de Danemark qu'on fait parler. On attribue cette plaisanterie à M. le chevalier de Boufflers, jeune courtisan très aimable, plein de saillies, et déjà connu par de très jolies pièces de vers et de prose. Sa Majesté danoise, enchantée de l'esprit de ce seigneur, lui a proposé de venir voir sa cour, et il est parti avec elle. » (*Mém. de Bachaumont.*)

1. « On a parodié l'épigramme contre M. de Duras, et l'on a fait un madrigal dans la même tournure en l'honneur de madame de Coaslin, la femme de la cour pour qui le roi de Danemark a paru prendre le plus de goût. C'est encore ce monarque qui parle. » (*Ibid.*)

2. « Un chat s'étant introduit dernièrement au Parlement,

Un chat vient sur les fleurs de lis
Étaler aussi sa fourrure.
Oh! oh! dit un des magistrats,
Ce chat prend-il la compagnie
Pour conseil tenu par les rats? —
Non, reprit son voisin tout bas,
C'est qu'il a flairé la bouillie
Que l'on fait ici pour les chats.

SUR L'OPÉRA[1]

Ici, les dieux du temps jadis
Renouvellent leurs liturgies :
Vénus y forme des Laïs,
Mercure y dresse des Sosies.

dans l'assemblée des chambres, cet animal a attiré l'attention de ces messieurs ; M. de Saint-Fargeau, président à mortier, grand ami de cette engeance, a pris ce chat, et l'a caché sous sa robe, croyant arrêter par là le désordre et le scandale ; mais cet animal a miaulé, égratigné, fait le diable ; et il a fallu le mettre à la porte. Un plaisant de l'assemblée, M. Héron, conseiller, a dit là-dessus le bon mot, matière de l'épigramme. » (*Ibid.*)

1. « Un plaisant s'est égayé au sujet de l'inscription que les directeurs ont demandée pour la nouvelle salle de l'Opéra. Il a en fait une qui ne sera sûrement pas adoptée ; mais elle est piquante et mérite d'être transmise au public. » (*Ibid.*)

ANNÉE 1769

LE DÉPART

DU ROI DE DANEMARK [1]

Dévoré par l'ennui, cette fièvre des rois,
    Le jeune prince des Danois
De climats en climats va, cherchant un remède
    Au triste mal qui le possède.
    Partout les plaisirs enchanteurs
Unissent leurs efforts pour charmer ce monarque;
Il les trouve parfois aussi vains que trompeurs,
Et sur le front royal l'ennui mortel se marque.
Enfin, las de trouver tant de fleurs sous ses pas
Et tant de jolis vers qu'un Danois n'entend pas,
Dans les bras du sommeil l'infortuné se plonge.

1. Vers non présentés au roi de Danemark. (M.) « Si le roi a été ennuyé de vers fades pendant son séjour ici, il en a paru qui ne sont rien moins que flatteurs pour la nation. » (*Nouvelles à la main*.) Le roi avait quitté Paris dans les premiers jours du mois de janvier.

L'auguste Vérité lui dit ces mots en songe :
Ami, chez les Français mille vers séducteurs
    Font payer cher leur existence :
Tu répands ton argent et ramasse des cœurs,
C'est bien fait; mais le Nord gémit de ton absence.
Un père vertueux quitte-t-il ses enfants?
Tu cherches le bonheur : va, connais mieux ton être;
La vertu le promet à des travaux constants.
Les rois ne sont heureux, ne sont dignes de l'être
    Que quand leurs peuples sont contents.
A ces mots, Christiern, ennuyé de plus belle,
S'éveille en appelant tout son monde à grands cris :
Partons, dit-il, partons, mon trône me rappelle;
Autant vaut m'ennuyer à ma cour qu'à Paris.

BOUQUET A LISETTE[1]

Lisette[2], ta beauté séduit
Et charme tout le monde.

1. « Il court des couplets très délicats et très ingénieux, où la satire a pris le ton des Grâces et paraît embellie de leur parure; ils sont recherchés et feront anecdote par le point historique qu'ils constatent. » (*Mémoires de Bachaumont.*) — Les Choiseul firent faire des couplets sanglants; ils étaient d'une tournure ingénieuse et délicate. (M.)

2. Lisette, c'est Mme Du Barry, dont la *Gazette de France* avait officiellement annoncé la présentation à

En vain la duchesse en rougit
 Et la princesse en gronde;
Chacun sait que Vénus naquit
 De l'écume de l'onde.

En vit-elle moins les dieux
Lui rendre un juste hommage,
Et Pâris, ce berger fameux,
 Lui donner l'avantage
Même sur la reine des cieux
 Et Minerve, la sage?

Dans le sérail du grand seigneur
 Quelle est la favorite?
C'est la plus belle au gré du cœur
 Du maître qui l'habite;
C'est le seul titre en sa faveur
 Et c'est le vrai mérite.

Versailles en ces termes : « Le 22 de ce mois (avril), la comtesse Du Barry a eu l'honneur d'être présentée au Roi et à la famille royale par la comtesse de Béarn. »

COMPLAINTE DES FILLES

AUXQUELLES

ON VIENT D'INTERDIRE

L'ENTRÉE DES TUILERIES A LA BRUNE

De la plus sensible douleur
Nous avons l'âme pénétrée:
Une cabale conjurée
Pour mortifier notre honneur
Nous a, contre vent et marée,
Après deux siècles de bonheur,
Fait enfin défendre l'entrée
De ce promenoir enchanteur
Où nous avions le privilège
De convoquer soir et matin
L'Amour, et le riant cortège
Des jeux qu'il conduit par la main.
Ce sont tes tours, cruelle Envie!
Tu répands partout ton venin;
Tu te montres du genre humain
La plus implacable ennemie,
Et sur le sexe féminin
Tu repais surtout ta furie.
A la ville comme à la cour
L'on voit des soupçons, des alarmes,

Et l'on fait la guerre à l'amour
En rendant hommage à ses charmes.
Français, que vous êtes cruels !
Si ce dieu dans quelques retraites
Voit fumer l'encens des mortels,
Bientôt des langues indiscrètes
Frondent son trône et ses autels.
Du favorable et doux mystère
On lève hardiment le manteau,
Sans savoir tout voir et se taire,
L'on veut arracher le bandeau
Qui couvre l'enfant de Cythère ;
Et pour éteindre son flambeau
En le prenant dès le berceau,
L'on blâme avec un ton sévère
Ce que soi-même on voudrait faire.
Non, il n'est plus de charité,
Tout est l'objet d'une critique,
Quoiqu'à l'utilité publique
On se consacre avec bonté,
Par goût ou par nécessité ;
Il faut toujours que le cynique
Prêche et fronde avec âcreté.
Depuis qu'on fait un édifice
Dans un palais jadis fameux,
Par le concours des amoureux,
Nous n'avions plus qu'un bel hospice,
Où tous les amours ténébreux
Avaient encor le bénéfice
De donner l'essor à leurs feux.

Dans un réduit tranquille et sombre,
Loin du commerce des humains,
Le bienfaisant dieu des jardins
Nous favorisait de son ombre
Sans scandaliser les voisins.
Le doux mystère et la verdure
Dérobaient aux yeux nos attraits,
Et nous y dissertions en paix
Sur les effets de la nature.
Quelquefois, sur un vert gazon,
On se livrait à la saillie,
Le plaisir dictait la leçon,
Et quelques instants de folie
Valaient un siècle de raison,
Quand la pratique était polie,
Et qu'on riait à frais communs.
D'autres fois l'on faisait sa pause
Sur un banc, loin des importuns,
Et la fleur fraîchement éclose
Nous embaumait de ses parfums.
Dans le secret et le silence
Nous prenions l'air sous les berceaux,
Où nous n'avions que les oiseaux
Pour témoins de notre alliance,
Et bien souvent notre présence
Y prévenait de plus grands maux.
Pour goûter nos plaisirs champêtres,
Un gros financier, un robin,
Un écolier, un vieux bouquin,
Et quelquefois de petits-maîtres,

Venaient encenser nos appas ;
D'autres, guidés par l'habitude,
En se cachant, à petits pas,
Venaient à notre solitude
Dans une modeste attitude
Pour nous complimenter tout bas,
Et nous donner la certitude
Qu'Amour ne les tourmentait pas.
Nous jouissions d'un sort tranquille;
Et voilà qu'un esprit malin
Vient nous chasser de notre asile,
Et qu'un règlement inhumain,
Dont retentit toute la ville,
Nous ôte notre gagne-pain,
Sans égard pour l'homme fragile
Qui sent l'aiguillon clandestin
D'un tempérament indocile,
Et qui du sexe féminin,
Pour avoir un sommeil benin,
Invoque la ressource utile.
Faudra-t-il donc sur les remparts
Gagner tristement notre vie?
Braver les vents ou les brouillards,
Les odeurs, la crotte et la pluie,
Pour amadouer des soudards
Qui ne nous payent qu'en liards,
Et qui, pour un rien en furie,
Lancent des coups et des brocards
Suivis de grosse maladie?
Nous avons un Roi bienfaisant,

Qui veut que tous ses sujets vivent
Du fruit de leur petit talent,
Pourvu qu'exactement ils suivent
Un régime simple et décent.
Or c'est nous faire trop d'injures
Que de nous bannir d'un jardin
Où l'on admet soir et matin
Les plus abjectes créatures,
Des polissons et des vauriens,
Sans compter les chats et les chiens
Qui vont y faire leurs ordures.
Nous ne choquons point le coup d'œil :
L'Opéra fini, l'on abonde,
Et nous n'avons jamais l'orgueil
De nous fourrer dans le beau monde.
Que l'on expulse des palais
Les vendeurs de colifichets
Ou les marchands de contrebande,
Le peuple ne criera jamais ;
L'intérêt public le demande.
Mais nous, qui faisons un métier
Favorable aux désirs de l'homme,
Devrait-on nous sacrifier ?
Il faudrait du moins, comme à Rome,
Nous assigner quelque quartier,
Où, pour une modique somme,
On nous permît de travailler,
D'étaler et de détailler.
Faut-il donc avoir équipage
Et loger au premier étage ?

Faut-il avoir des diamants,
De grands laquais, et le visage
Couvert de rouge jusqu'aux dents,
Pour jouir du bel avantage
De dévaliser les galants
Sans éprouver aucun orage?
L'amour aime les pauvres gens,
A la ville comme au village.
Il faut donc qu'on trouve à Paris
De la marchandise à tout prix;
De tous les temps c'est un usage
Parmi nous comme en tout pays,
Et l'étranger doit rendre hommage
Aux droits que nous avons prescrits
Contre les lois du mariage,
Dont nous ne traçons qu'une image.
Si ceux qui se sentent épris
D'un fumet de libertinage
Par nous risquent d'être punis,
Ce n'est pas un si grand dommage;
C'est leur faute, s'ils y sont pris.
Jadis, dans le jardin d'un prince,
Les chiens de ville et de province
Avaient de fréquents rendez-vous;
Ils commettaient des indécences;
Mais de sévères ordonnances
Les exilèrent bientôt tous.
Le fouet en main, un grand suisse
Leur faisait faire l'exercice,
Criait, les assommait de coups,

Et leur faisait honte du vice.
Devons-nous craindre que sur nous
On exerce ainsi la justice?
Le gouvernement est trop doux
Pour nous traiter comme une lice;
Et quand il veut qu'on nous punisse,
A l'hôpital, sous les verroux,
Par ordonnance de police,
On nous fait porter un cilice
Pour gagner la gale et les poux :
C'est bien assez pour nos cinq sous.
Il faut un peu qu'on nous pardonne;
C'est parfois la fragilité,
Et plus souvent la pauvreté,
Qui, pour subsister, nous ordonne
De barbouiller la chasteté.
L'on cède au besoin qui commande,
Quand on est pressé par la faim,
Et quand nous marchons au serein,
C'est moins pour avoir de la *viande*
Que ce n'est pour avoir du pain.
Notre corps, notre houppelande
Composent notre saint-crespin ;
Il faut bien en faire une offrande,
Dès que d'ailleurs on n'a plus rien,
Puisqu'aux termes de la légende,
Se laisser mourir n'est pas bien,
Pour peu qu'on ait le cœur chrétien.
A midi l'on mange la soupe,
Le soir il faut encor souper,

Et nous avons beau galoper,
La disette est toujours en croupe
Sans autre moyen d'échapper.
Il faut du bois, de la chandelle,
L'on veut acquitter son loyer,
Ou, faute de pouvoir payer,
On met nos meubles en cannelle;
Plus, pour la capitation
On nous met encore en dépense;
Mais de cette imposition
L'on devrait nous donner quittance;
Tout le monde sait en effet
Que c'est par tête qu'on la met,
Et ce n'est pas cette *partie*
Qui nous fait gagner notre vie;
Mais pour nous on change l'objet.
Ainsi, malgré notre industrie,
Il ne nous reste rien de net.
Le règlement qui nous pourchasse
Nous chagrine et nous embarrasse
Nous n'avions plus qu'un seul réduit
Où nous trouvions quelque profit,
Et le gouverneur nous en chasse.
Comment faire? le pain est cher;
Faudra-t-il donc en pet-en-l'air
Aller raccrocher dans les rues,
Ou nous montrer à demi nues,
Même dans le fort de l'hiver?
Non, car on y verra trop clair;
Nous serions bientôt reconnues:

Le guet est un rude ennemi,
La police qui nous tourmente
A rendu la ville éclatante
Dans la nuit comme en plein midi,
Et les filous en ont gémi.
Sur nous, dès la première affaire,
On aura bientôt mis la main,
Et l'intraitable commissaire
Nous fera mettre à Saint-Martin,
Où l'on couche avec le chagrin,
Le désespoir et la misère.
Ainsi, plaignez notre destin,
Citoyens, dont le caractère
A la bienfaisance est enclin.
Si l'on doit assister son frère,
L'on doit aider aussi ses sœurs :
Procurez-nous quelques douceurs;
L'on priera pour vous à Cythère,
Et l'Amour suppliera sa mère
De vous accorder ses faveurs.
Mais nos vœux seront inutiles,
Le public fut toujours ingrat,
Et par des propos incivils
Il aggravera notre état;
Sans pitié, sans reconnaissance,
Il badine des maux d'autrui ;
Sa vive humeur, son inconstance,
Le font plaisanter sur la France
Comme il ferait sur l'ennemi ;
Et pour dissiper son ennui,

Il se raille avec complaisance
De ceux qui travaillent pour lui,
Dès qu'il les voit dans l'indigence.

ÉPITRE A NICOLET [1]

ILLUSTRE Nicolet, ta perte est assurée :
De puissants ennemis dès longtemps l'ont jurée.
Des esprits éclairés, vastes dans leurs desseins,

---

1. « La frivolité du jour et le goût du moment se portent sur le Théâtre-Italien. Depuis que l'on y a permis les opéras-comiques ce spectacle ne désemplit pas, et les drames les plus médiocres, soutenus par quelques ariettes, sont assurés d'y réussir ; l'énumération en serait trop longue ; une comédie qui a pour titre *le Tableau parlant* y attire tout Paris. Un anonyme, indigné du mauvais goût du siècle, vient, dans une épître adressée à Nicolet, bateleur du Rempart, faire passer en revue tous les ouvrages monstrueux de ce théâtre et qui y ont été le plus suivis ; il assaisonne sa critique du sel de la satire qu'il répand sur la plupart des auteurs du jour, dont les écrits sont rappelés du côté le plus défavorable. Les portraits qu'il en fait sont un peu outrés, mais on ne doit pas se dissimuler qu'en général il a raison et qu'on ne peut assez fronder l'esprit du jour qui semble dédaigner les chefs-d'œuvre immortels des auteurs du siècle de Louis XIV et ne prendre plaisir qu'à un spectacle d'un aussi mauvais genre. » (*Nouvelles à la main.*)

Grimm nous apprend dans sa *Correspondance* que l'au-

Veulent te supprimer comme les capucins !
Pour ranimer le goût languissant et malade,
A l'hôtel de Bourgogne[1] on unit la parade :
Clairval d'un beau pierrot étalant tout l'éclat
A repris la couleur de son premier état.
Et son théâtre, fier de ce qu'il te dérobe,
Attire tout Paris avec sa garde-robe.
D'une tête à perruque on a fait un tableau,
Le parterre se pâme et crie : ah ! que c'est beau !
La France est le pays où règne la sottise,
Je sais que l'étranger en rit et nous méprise,
Et moi, qui ne veux pas partager ce mépris,
Je vais de nos travers gémir loin de Paris.
Siècle du grand Louis, nous regrettons ta gloire;
Quelle place le nôtre aura-t-il dans l'histoire ?
Pour remplacer Quinault, nous n'avons que Laujon,
Pour remplacer Boileau nous n'avons que Fréron,
Et, si la faux du temps vient à frapper Voltaire,
François de Neufchâtel devient son légataire.
Lemierre et Sauvigny, La Harpe et Chabanon,
Nous glacent en voulant imiter Crébillon.
L'agréable Saint-Foix, d'humeur douce et badine,

---

teur anonyme était Palissot. « Le succès de la parade du *Tableau parlant*, écrit-il, qui, grâce à la charmante musique de M. Grétry, se soutient au théâtre de la Comédie-Italienne dans tout son brillant, a excité la bile de M. Palissot. Il vient d'adresser une sanglante satire contre l'opéra-comique, et plus encore contre son siècle et sa nation, à son digne ami, M. Nicolet. »

1. Où se trouve aujourd'hui le théâtre de la Comédie-Italienne. (M.)

Est fidèle à la prose en réformant Racine [1].
Beaumarchais, trop obscur pour être intéressant,
De son vieux Diderot est le singe impuissant.
Un Cailhava nous peint Thalie à la Courtille;
Molière, ton habit se change en souquenille :
Pour te mieux outrager cent ans après ta mort,
Le coup de pied de l'âne est donné par Champfort [2].
A ces pauvres Quarante il ne faut pas s'en prendre,
Ils ont fait de leur mieux pour honorer ta cendre.
Où sont ces aigles fiers fixant l'astre du jour ?
Apollon aujourd'hui n'a qu'une basse cour.
Mais pourquoi regretter notre splendeur antique,
Puisque nous jouissons d'un Opéra-comique
Si puissant de nos jours ; son dieu fut *savetier*,
Maréchal, bûcheron, serrurier, tonnelier [3].
Le sublime Quétant fit une poétique
Pour prouver que ce dieu n'était dieu qu'en boutique.
Dans *Tom Jones* enfin il prit un noble essor
Et fut jusques aux cieux porté par Philidor.
L'atroce *Barnevelt* vint dans notre royaume ;
La Grèce eut son Homère et Paris son Anseaume.
Jeunesse, qui suivez cet auteur de si loin,
Avant de travailler méditez avec soin.
La gloire que produit cette illustre carrière

---

1. Allusion au malheureux essai de M. de Saint-Foix de mettre le cinquième acte d'*Iphigénie* en action. (*Note de Grimm.*)

2. Allusion à l'éloge de Molière par Champfort.

3. Titres d'opéras-comiques dont trois sont de Quétant.

Doit tenter, j'en conviens; mais pour l'avoir entière
Parlez : du grand Sedaine avez-vous les talents?
Si vous ne pouvez pas attraper ses élans,
Tâchez au moins d'atteindre au poli de son style,
Modeste comme lui soyez aussi docile.
Gardez-vous bien surtout de faire un opéra,
Il arrive malheur à ces ouvrages-là.
La Motte est massacré par les mains de Cardonne[1]
Dans les bras de l'amour le Dieu du goût frissonne;
Quinault, tu dois frémir dans la nuit du tombeau,
Persée est corrigé par monsieur Joliveau [2].
Malgré ses vers brillants et sa verve féconde,
Nous avons vu périr la *Reine de Golconde;*
Mais l'auteur, pour se faire un honneur singulier,
Conçoit du *Déserteur* l'ouvrage irrégulier.
Monsigny, digne ami, le soutient de manière
Que la gloire à Sedaine appartient toute entière.
Ce poète, qui peut remplacer Poinsinet,
A force de travail marche après Taconnet;
On lui doit des *Sabots* l'intrigue intéressante,
Sa délicate main crépit l'*Ile sonnante* [3]

---

1. Musicien de Versailles qui remit en musique sans succès l'opéra d'*Omphale*. (*Note de Grimm.*)

2. Secrétaire perpétuel de l'Académie royale de musique et actuellement l'un des quatre nouveaux directeurs de l'Opéra, nommés par la ville. (*Id.*)

3. M. Nicolet représente à son digne ami que *l'Ile sonnante* est de M. Collé et non de M. Sedaine et qu'il n'envie pas cette pièce au Théâtre-Italien. Au reste, il pardonne volontiers cette petite erreur en faveur de tant de vers harmonieux et pleins de sel. (*Id.*)

Il fit l'*Anneau perdu*, sifflé, puis oublié,
Et *l'Huître*, et la *Gageure* et le *Mort marié*.
Son théâtre arlequin, tout rayonnant de gloire,
Est dans cet âge enfin le temple de Mémoire;
C'est dans cette piscine où les auteurs perdus
Se lavent des affronts qui les ont confondus.
Marmontel, tu rendis *Cléopâtre* hydropique,
Tu fis à l'Opéra mourir *Hercule* étique ;
Tu sentis qu'il fallait, pour te faire un grand nom,
En vers bien boursoufflés composer le *Huron*.
Mais, comme un faible enfant bronchant dans la carrière,
Tu fis choix de Grétry pour tenir la lisière.
Travaillez, plats auteurs tant de fois bafoués,
Et pendant quatre mois vous vous verrez joués.
D'informes avortons Paris est idolâtre,
Et tous les écrivains brillent sur ce théâtre :
Son concours éclatant, ses éternels succès
Attentent chaque jour au bon goût des Français.
Esprit universel, prodigieux génie,
Voltaire, efforce-toi de changer de manie ;
Tous les mois contre Dieu tu nous donne un écrit,
Ne sois plus le Fréron du divin Jésus-Christ.
Tu te fais dans ton lit porter le viatique,
Il valait bien mieux faire un opéra-comique :
Espérant embellir tes vers mâles et forts,
La Borde t'eût prêté ses sons durs et discords ;
Et ton pinceau, traçant les amours de Jean-Jacques,
Nous aurait amusé beaucoup plus que tes Pâques.
O mes concitoyens ! qu'est devenu le goût ?
L'ignorance domine, elle s'étend sur tout.

Armide vous plairait moins que des Zirzabelles,
Et du *Tableau parlant* vous êtes les modèles¹.

LES ACTRICES DE L'OPÉRA²

O! DIVINITÉS protectrices
De nos plus fameuses actrices,
Venez conduire mon pinceau;

1. « Il résulte de cette épître que le goût est malade en France et qu'il n'y a plus dans la nation que M. de Voltaire et M. Palissot, que la faux menace l'un, et que l'autre, indigné de voir le règne de la sottise et ne voulant pas partager ces mépris,

Va de tous nos travers gémir loin de Paris,

en sorte qu'il ne restera plus personne à la France. » (*Corresp. de Grimm.*)

2. Couplets sur les courtisanes et danseuses de l'Opéra qui se sont trouvées au voyage de Fontainebleau. (M.) Ce voyage dura du 4 octobre au 13 novembre et fut principalement égayé par des représentations dramatiques. Nous lisons dans les *Nouvelles à la main*, à la date du 3 octobre: « On est fort occupé aux Menus des fêtes qui doivent se donner à Fontainebleau; il y aura douze jours de spectacles, composés de différents opéras, comédies, opéras-comiques, le tout arrangé au théâtre de la cour. Sur le répertoire, on avait d'abord mis la *Princesse de Navarre*, malgré le mauvais succès qu'elle avait eu dans son aurore, quoique de deux grands hommes, Voltaire et Rameau, mais des raisons politiques l'ont fait supprimer. »

C'est votre gloire qui m'excite,
Qui m'appelle à Fontainebleau
Pour peindre vos nymphes d'élite.

Leurs figures, quoique plâtrées,
Seront par moi si bien tracées
Qu'on pourra dire : Les voilà.
Les belles dames, chose sûre,
Ne m'en voudront pas pour cela,
Elles aiment trop la nature.

Allard [1] se montre la première,
Et l'honneur d'ouvrir la carrière
Ne lui peut être disputé :
Oh dieux ! comme elle est pétulante !
Chacun croit voir la volupté
Sous les dehors d'une bacchante.

La Peslin [2] n'est point sa rivale ;
Si quelquefois elle l'égale,
Ce n'est jamais que sur un lit.
Le jeu plaît fort à la poulette,
Et lorsqu'elle caresse un v..,
Vous diriez un enfant qui tette.

En vain Arnould [3] qui s'époumone
Pour faire vivre en son automne

---

1. Mlle Allard, danseuse de l'Opéra. (M.)
2. Mlle Peslin, danseuse de l'Opéra. (M.)
3. Mlle Arnould, première actrice de l'Opéra ; elle vit avec

Les fleurs dont brilla son printemps,
Veut encor plaire à la toilette ;
Pour les loisirs de ton amant,
Arnould, sers plutôt de squelette. .

On convient que la Rosalie [1]
N'est belle, jeune, ni jolie,
Mais très peu lui dament le pion ;
Elle a les reins d'une souplesse
Qu'on la prendrait à son croupion
Pour la Vénus aux belles fesses.

Pour triompher du dieu Morphée
Qui, descendu de l'empyrée,
A l'Opéra fait son séjour,
En vain Duplan mugit et beugle [2] ;
Qui l'entend voudrait être sourd,
Qui la voit voudrait être aveugle.

Toi, la douairière des coulisses,
Demiret [3], fais place aux novices,
Crois-moi, plus tôt sera le mieux ;
Quitte le monde qui te quitte.

M. le comte de Lauraguais, qui lui fait disséquer des cadavres. (M.) « Mlle Arnould a eu le plus grand succès à la cour dans le rôle de *Zélinde*. Tous les spectacles représentés jusqu'ici à Fontainebleau ont parfaitement réussi, excepté *le Déserteur*. » (*Nouvelles à la main.*)

1. Mlle Rosalie, actrice de l'Opéra. (M.)
2. Mlle Duplan, actrice dans les rôles à baguette. (M.)
3. Mlle Demiret, danseuse. (M.)

Lorsque le diable se fit vieux,
Le diable alors se fit ermite.

De traits d'esprit Guimard [1] pétille ;
Il n'est peut-être pas de fille
Plus séduisante dans Paphos :
Mais avec cette ombre légère
On commet le péché des os,
Et c'est le seul qu'on puisse faire.

Pour élever un édifice
Dervieux [2] n'a besoin d'artifice,
D'architecte, ni de maçon ;
Elle sait où prendre la pierre.
La belle a dessous son jupon
Une inépuisable carrière.

Toi, de l'amour aimable enseigne,
Charmante et jeune La Chassaigne [3],
J'appréhende de te fâcher ;
Mais je crains que ton air novice
Ne soit un art pour nous cacher
Les dangers d'une ch.........

Brebis du sérail échappée,
Rivière [4], ta source épurée

---

1. Mlle Guimard, danseuse. (M.)
2. Mlle Dervieux, danseuse et chanteuse ; elle vient d'acheter, rue Sainte-Anne, une maison de 80,000 francs. (M.)
3. Mlle La Chassaigne, jeune danseuse. (M.)
4. Mlle Rivière, danseuse dans les chœurs ; elle vit avec

Par un maître d'eaux et forêts
Est en débâcles moins prodigue;
Lui seul pouvait faire les frais
De mettre à ton flux une digue.

Faire quatre cocus par heure,
Aller de demeure en demeure,
Donner des leçons au cachet,
Vous croyez que c'est Messaline?
Non, point du tout; à ce portrait
Chacun reconnaît Adéline [1].

Elle a tous les vices ensemble,
Sans talent elle les rassemble,
Et ne garde plus aucun frein.
De Sablé digne camarade,
Pour de l'argent elle est p....,
Mais par goût c'est une tribade.

Launay [2], des quatre coins du monde,
De tes amants la foule abonde;
A faire face constamment
Ta jeunesse en travaux s'épuise :

M. du V..., grand maître des eaux et forêts, dont les revenus sont immenses et suffisent à peine à la faire médicamenter. (M.)

1. Mlle Adéline, danseuse des chœurs. (M.)

2. Mlle De Launay, danseuse. Elle se meurt du poumon, à un cinquième, avec sa mère qui gagne sa vie à faire des ménages. (M.)

La cruche à l'eau va si souvent,
Que la cruche à la fin se brise.

Pour vivre un peu plus retirée,
Bèze[1], à la réforme livrée,
Quitte Paris, vient à la cour;
Sa conduite est sage et réglée.
Elle se fait f..... le jour,
Et la nuit elle est en.....

Pour vaincre tout sujet rebelle,
Elle conduit Mars[2] avec elle;
Mais ici l'on dit hautement
Qu'il ne faut pas mordre à la grappe,
Et qu'elle eût fait plus sagement
D'amener un fils d'Esculape.

Pour voir sans danger cette belle,
Il faut aller chez Bouscarelle[3],
Qui, moyennant un faible droit,
Vous donne un surtout assez drôle;
S'il ne garantit pas du froid,
Il préserve de la v.....

L'autre jour, j'ai vu chez Briare[4]
Un tableau d'un mérite rare;

---

1. Mlle Bèze, chanteuse. (M.)
2. Mlle Mars, fille languedocienne. (M.)
3. Mlle Bouscarelle, vieille fille des chœurs, m........
4. M. Briard, peintre de l'Académie, amoureux de Mlle Saron, danseuse. (M.)

A la Saron le dieu des eaux
Montrait sa chemise salie
D'un virus vert que dans Bordeaux
A répandu cette harpie.

Marquise[1], antique sans noblesse,
Dont un chacun fit sa maîtresse,
Pour qu'elle ne s'augmente plus,
Mets ta chaussure à la réforme :
Car chaussure aux premiers venus
S'expose à pécher par la forme.

Ton art et ton expérience
Ont les suffrages de la France,
Laforêt[2], les prix te sont dus
Parmi la jeunesse d'élite ;
Puisqu'ils sont à qui f... le plus,
Sois la sultane favorite.

Si vous aimez une monture
D'une douce et commode allure,
Prenez, amis, la Saint-Martin[3] ;
Mais avant, faites votre compte
De lui donner le picotin,
Sans quoi jamais on ne la monte.

1. Mme Marquis, dite Marquise, femme d'un savetier de Marseille. (M.)
2. Mlle Laforêt, ancienne fille de Lyon. (M.)
3. Mlle Saint-Martin, danseuse. (M.)

Si la folâtre Donatée[1]
Ne veut pas être visitée,
Ce n'est pas sans quelque raison.
F...tez sans crainte la friponne,
Près du mal est la guérison :
Esculape la greluchonne.

De tous les animaux sans nombre
Qu'autrefois Noé[2] mit à l'ombre,
Un papetier fut oublié ;
Dans le taudis du patriarche,
Sa fille, encore par pitié,
Le sauve aujourd'hui dans son arche.

La Delfèvre[3], un peu boucanière,
Sans pudeur montre son derrière
Pour un louis chez la Brissot[4].
C'est le bon marché qui ruine ;
Je m'y suis fourré comme un sot,
Loin de la rose était l'épine.

Dans tes amours, trop roturière,
Cours une nouvelle carrière,
Laisse procureur, avocat ;
Pour toi, sont-ce là des victoires ?

---

1. M¹¹ᵉ Donatée, fille qui vit avec un jeune médecin. Elle a épousé depuis le comte de Pouders. (M.)
2. Mˡˡᵉ Noé, jolie fille. Elle vit avec un papetier. (M.)
3. Mˡˡᵉ Delfèvre, coryphée de danse. (M.)
4. M........., rue Française. (M.)

Beauvernier[1] ? Encore un rabat,
Tu serais p..... à grimoires.

Lorsqu'avec la Granville[2] on couche,
On peut choisir ou de la bouche,
Ou de l'oreille, ou des tétons ;
Mais c'est toujours la même chose :
Vous prenez d'elle des boutons
Qui ne sont pas boutons de rose.

Sur son sexe en vain l'imbécile
Méchamment exhale sa bile ;
Mesdames, ne la craignez pas ;
Elle ne peut jamais vous mordre ;
Son dentiste m'a dit tout bas
Que son davier y mit bon ordre.

Poirsin[3], Toto, Cochonnerie,
Auquel s'en tenir, je te prie ?
Sans prêter aux brocards plaisants
De certains faiseurs d'épigrammes,

---

1. Mlle Beauvernier, danseuse, qui, après avoir vécu avec tous les clercs de procureurs, a pris pour amant Convers, avocat. (M.)

2. Mlle Granville, courtisane, pétrie d'art depuis le bout des doigts jusqu'au bout des dents : son râtelier factice est un chef-d'œuvre. (M.)

3. Mlle Poirsin, qui se nomme aussi Toto et Cochonnerie à cause de son embonpoint, vit actuellement avec Mlle Duthé ; le point est de savoir qui des deux fait l'homme. (M.)

Va, tous les hommes sont méchants;
Tiens-t'en, crois-moi, toujours aux femmes.

De vapeurs, de tons et de mines,
Desangles[1], tu nous assassines;
De Lucrèce le rôle usé
Aujourd'hui ne dupe personne;
Si ton jeu te paraît rusé
Ce n'est qu'un air[2] que tu te donnes.

Vous entretiendrai-je d'Isoire[3],
Dont l'âme si vile, si noire,
Fait son dieu de l'impureté?
Lorsque l'infâme vous approche,
Ayez, pour plus de sûreté,
Ayez la main dans votre poche.

Pour faire route vers Cythère,
Emprunte le char de ton père,
Dauvillier[4], suis ce phaéton
Qui, du numéro de la place
Jusqu'aux chiffres de Cupidon
Te veut faire franchir l'espace.

---

1. Mlle Desangles, sœur de la précédente. (M.)
2. Le satirique joue sur le mot *air* (R dans la prononciation, d'où jeu *rusé* et jeu *usé*).
3. Mlle Isoire, danseuse figurante. (M.)
4. Mlle Dauvillier, danseuse figurante. Elle est, dit-on, fille d'un fiacre. (M.)

ANNÉE 1770

CONSEILS

A MADAME DU BARRY [1]

Déesse des plaisirs, tendre mère des Grâces,
Pourquoi veux-tu mêler aux fêtes de Paphos
   Les noirs soupçons, les honteuses disgrâces ?
Ah ! pourquoi méditer la perte d'un héros !

---

1. Au sujet de sa division avec M. le duc de Choiseul. (M.) — « Le duc de Choiseul jouissant de la confiance du Roi, de l'autorité, de la considération qu'elle donne, avait vu avec inquiétude l'arrivée de Mme du Barry. Le Roi, qui lui parlait de tout, ne lui dit pas un mot de cette nouvelle maîtresse, qui, dans les commencements, se tenait cachée. Par hauteur, ou bien plutôt par timidité, le duc, au lieu de représenter à son maître le tort qu'il pouvait faire à sa réputation, et peut-être à sa santé, en s'attachant à un tel objet, laissa cette passion germer et parut mépriser les intrigues qui tendaient à faire présenter Mme du Barry, à la rendre maîtresse en titre ; démarche qui tendait plus à sa ruine personnelle qu'à l'agrandissement de cette femme. Il se refusa à toutes les tentatives qu'elle fit pour se rallier

Ulysse est cher à la patrie[1] ;
Il est l'appui d'Agamemnon.
Sa politique active et son vaste génie
Enchaînent la valeur de la fière Ilion.
Soumets les dieux à ton empire :
Vénus sur tous les cœurs règne par la beauté ;
Cueille, dans un riant délire,
Les roses de la volupté ;
Mais à nos vœux daigne sourire
Et rends le calme à Neptune agité.
Ulysse, ce mortel aux Troyens formidable,
Que tu poursuis dans ton courroux,
Pour la beauté n'est redoutable
Qu'en soupirant à ses genoux.

à lui... Lorsque le Roi mit le comble à sa honte en faisant présenter Mme du Barry, les femmes, qui ont toujours eu trop de pouvoir sur M. de Choiseul, prirent le dessus, les propos et l'indignation furent poussés à l'excès, et le Roi vit braver sa nouvelle maîtresse jusque dans sa cour et sous ses yeux, par le parti du ministre. Une telle conduite ne pouvait manquer de produire la disgrâce de M. de Choiseul. » (*Mém. du baron de Besenval.*)

1. « On voit qu'on a voulu parler de M. le duc de Choiseul sous le nom d'Ulysse. Il me semble que ces vers n'ont déplu à personne ; malgré cela, l'auteur n'a pas jugé à propos de se faire connaître. » (*Corresp. de Grimm.*) Barbier dit qu'ils sont de M. de Lantier, mais la plupart des témoignages contemporains les attribuent à Boufflers.

LE MÉMOIRE

DU DUC DE CHOISEUL

Pourquoi donc remettre un mémoire [1] ?
            Ça sent sa fin,
Chacun glose et fait son histoire
            Soir et matin;
On dit : Dans cet écrit célèbre,
            Modestement,
Il fait son oraison funèbre
            Dès son vivant.

---

1. M. le duc de Choiseul, ministre de la guerre, à l'occasion du retranchement proposé par M. l'abbé Terray, contrôleur général, avait présenté au Conseil un mémoire suivant lequel il n'y avait nul retranchement à faire sur son département, et au contraire il eût fallu y ajouter neuf millions. Cela n'empêcha pas qu'il ne fût retranché de six millions. (M.) On lit dans le *Journal de Hardy,* à la date du 1ᵉʳ mars : « Il se répand que le conseil qui s'était tenu à Versailles, le dimanche précédent, avait été si tumultueux qu'on ne se souvenait pas depuis fort longtemps d'en avoir vu un semblable. L'abbé Terray avait, suivant ce qu'on assurait, tiré à boulets rouges sur le duc de Choiseul, relativement au compte qu'il voulait qu'il rendît des sommes immenses qui lui avaient passé par les mains depuis qu'il était chargé du département de la guerre et de celui des affaires étrangères. On continuait de publier qu'il s'était formé un puissant parti pour ruiner ce ministre. »

Pourquoi prendre le soin extrême
De se vanter,
Surtout dans ce temps de carême
Fait pour prier ?
Vos faits constatent votre gloire
Depuis huit ans,
On en gardera la mémoire
Bien plus longtemps.

Tout est, sous votre ministère,
Bien mieux rangé.
Au département de la guerre
Tout a changé ;
Pour qu'il ne reste pas de doute
Sur votre choix,
Vous avez pris nouvelle route
Tous les six mois.

Dans votre édition dernière
Que tout est beau !
Plus de gens de la vieille guerre ;
Tout est nouveau.
Ah ! que la France est redoutable
A ses rivaux,
Quel fonds de guerriers incroyable
En généraux !

Il n'est point de cour étrangère
Qui, pour tout l'or,
Ne voulût dans son ministère

Un tel trésor;
Ah! que n'est-il, dit l'Angleterre,
Mon chancelier!
Ah! que n'est-il, dit le Saint-Père,
Mon moutardier!

De l'argent, du sang, de la peine,
Des ennemis,
Sont, dit-on, de Corse et Cayenne
Tous les produits.
Quels dangers sur la terre et l'onde!
Que de millions!
Mais les plus beaux singes du monde,
Et quels marrons!

Malgré l'éclat de votre vie,
C'est à Jubé
Qu'a de vous voir la fantaisie
Un chien d'abbé;
Opposez de Grammont la tête
A l'insolent,
Il baissera bientôt la crête
En la voyant.

Pour endormir la vigilance
Des fiers taureaux,
Jason versait avec prudence
Jus de pavots;
Mais tous plus grecs que le Colchique,

En cas pareil,
Usent d'un plus sûr narcotique
Dans le Conseil.

LE MARIAGE DU DAUPHIN[1]

Un bon Français, sans argent,
Doit pourtant
Faire éclater, dans son chant,
Les vifs transports de son âme
Sur le Dauphin et sa femme.

Ce sont de jeunes époux
Dont les goûts
Seront fructueux pour nous,
En procurant l'abondance
Et des Bourbons chers en France.

L'un et l'autre est, grâce à Dieu,
De bon lieu,

---

1. Chanson par Joachim Ducreux, magister de Troissereux, près Beauvais. (M.) — C'est le 16 juin que le Dauphin épousa, dans la chapelle du château de Versailles, l'archiduchesse Marie-Antoinette. Ce mariage, habilement préparé par le duc de Choiseul, resserrait l'alliance de la France avec la maison d'Autriche.

Et d'un âge où l'on prend feu ;
Il est aimable, elle est belle,
L'on mettra tout par écuelle.

L'Allemand et le François,
    Autrefois,
S'entre-tuaient pour leurs rois :
Se battre est chose exécrable ;
Se baiser est plus aimable.

Le Français et l'Allemand,
    Bien content,
Boiront ensemble souvent ;
Ils vont s'imposer la règle
D'accoupler les lis et l'aigle.

Sur cet hymen précieux
    Tous les dieux
Et les mortels ont les yeux ;
Le Parnasse entier apprête
De bons couplets pour la fête.

Le prévôt, les quartiniers,
    Les premiers,
Abreuveront leurs quartiers ;
Et chacun fera sa charge
En beau rabat long et large.

Les échevins de Paris,
    Bien nourris,

Seront noblement garnis
D'habits de cérémonies
Et de robes mi-parties.

Des feux variés et clairs,
Dans les airs,
Feront comme des éclairs ;
Nous aurons un temps propice
Pour les soleils d'artifice.

Pour animer le grand jour
Où l'amour
Doit triompher à la cour,
Nous ferons dans des boutiques
Bals et festins magnifiques.

Tout le long des boulevards,
Les pétards
S'entendront de toutes parts ;
L'on verra clair dans les nues,
Et des foules plein les rues.

L'on y verra des mamans,
Des enfants,
Des moines et des marchands,
Des confiseurs, des gimblettes,
Et des troupeaux de fillettes.

Des minois aussi jolis
Que polis

Nous agaceront gratis ;
L'on sentira l'avantage
D'une police bien sage.

Les filles et les garçons,
    Bons lurons,
Diront de bonnes chansons,
Si les mères de famille
Ont des poulettes gentilles.

Les objets les plus charmants
    Sur des bancs
Amuseront les passants ;
Et d'autres seront à l'ombre
Dans des carrosses sans nombre.

Les arbres, en guéridons,
    Les balcons,
Seront chargés de lampions ;
Partout le bon goût décide :
C'est un Bignon qui préside [1].

A la ville l'on fera
    Grand gala,
Le bon vin y coulera ;
L'on y verra l'abondance
Et des gueuletons d'importance [2].

[1]. On verra ci-après ce qu'il advint des réjouissances organisées par le prévôt des marchands.
[2]. Les espérances du chansonnier furent déçues ; la *Vie*

L'on verra des feux nouveaux
Sur les eaux,
L'on ira dans des bateaux;
La Seine sera ravie
Qu'on la mette au bain-marie.

L'on fera des échafauds
Grands et hauts,
Pour empêcher que les flots
Ne lavent avec licence
Bien des curieux de France.

Les dorures, les lambris,
Les vernis
Peindront à nos yeux surpris
La ville de Paris même,
Et des vaisseaux pour emblème.

L'on pourra tout aller voir,
Sur le soir,
Sans craindre le pot au noir;

privée de Louis XV constate, en effet, que le jour du mariage « la ville de Versailles ne parut participer en rien à ce grand événement, et Paris reçut le reproche d'avoir fait les choses avec la plus grande mesquinerie. On vit avec indignation les pauvres qui demandaient l'aumône ce jour-là comme les autres; ni cervelas, ni pain, ni vin pour eux. Les grands seigneurs ne se distinguèrent pas davantage et le magnifique palais du ministre de Paris, du comte de Saint-Florentin, n'était éclairé que par deux ifs de lampions peu élevés de terre ».

Nous aurons dans la mêlée
Quelque perruque brûlée.

L'on verra les habitants,
    Tous fringants,
S'ébaudissant en pleins vents,
Danser, quelque temps qu'il fasse,
Dans les bouts de chaque place.

A la Grève, avec grands frais,
    Sur les quais,
Sur les remparts bien refaits,
A grand'force l'on s'apprête ;
Que d'annonces pour la fête !

L'on mettra sur des tréteaux
    Des tonneaux,
Des cervelas, des gigots ;
L'on aura du vin de Beaune
Et des boudins longs d'une aune.

Les cris, les transports divers,
    Les concerts,
Feront retentir les airs ;
D'argent nous ferons recette
Si le gouverneur en jette.

Les spectacles laids ou beaux
    Font aux sots

Tenir de mauvais propos.
Le citoyen laisse dire
Les plats bouffons sans en rire.

LES EXPLOITS

DU

PRÉVOT DES MARCHANDS[1]

Le prévôt des marchands Bignon
N'est, ma foi, qu'un porte-guignon ;
Il n'est sorte de bien qui vienne
De ce magot municipal :
Quelque chose qu'il entreprenne,
On tombe de fièvre en chaud mal.

Il unit pourtant deux emplois
Qui demandent le meilleur choix :
Sur les livres il a l'empire,
Du corps de ville il est chef,

---

1. Armand-Jérôme Bignon (1711-1772), membre de l'Académie française et de l'Académie des Inscriptions, avait été maître des requêtes et intendant de Soissons, lorsqu'il succéda à son oncle Jean-Paul dans la charge de bibliothécaire du Roi. Il devint conseiller d'État en 1762 et fut élu prévôt des marchands en 1764.

Mais il ne sait pas trop bien lire,
Et vers l'écueil conduit sa nef.

Il annonce par un placard
Une foire sur le rempart[1];
Le peuple, avec des yeux avides,
Cherche le but de l'inventeur;
Mais les boutiques étaient vides,
Comme la tête de l'auteur.

En vain à cette invention
Il joint l'illumination;
Lueur douteuse sur la route
Aveugla chevaux et piétons,
Et les passants, n'y voyant goutte,
Ne pouvaient marcher qu'à tâtons.

Il ordonne enfin les apprêts
D'un feu qu'on prépare à grands frais;

---

[1]. « La fête par laquelle la ville de Paris a voulu célébrer le mariage de Monseigneur le Dauphin a été avant son exécution un objet de raillerie publique et est devenue ensuite un objet de deuil pour les citoyens... Tout ce que les puissants génies des prévôts des marchands et des échevins réunis ont pu inventer de plus récréatif pour célébrer un événement aussi auguste, c'était de placer des boutiques entre les arbres du boulevard du nord de cette capitale et d'y faire tenir la foire la plus triste, la plus insipide du monde. A cette occasion ils firent éclairer le boulevard par de petites lanternes placées de distance en distance sous les arbres et qui donnèrent à cette foire l'air le plus misérable et le plus pauvre. » (*Corresp. de Grimm.*)

Mais, par ses soins, un jour de fête
Devient un triste jour de deuil.
La place où le plaisir s'apprête
N'est bientôt qu'un vaste cercueil[1].

Si l'on n'y fait attention,
Il détruira la nation.
A sa bêtise meurtrière
Gardons d'être trop indulgents.
Pût-il gîter au cimetière,
Où le sot a mis tant de gens[2].

---

1. Le 30 mai fut tiré le feu d'artifice de la place Louis XV, qui devait clore les fêtes du mariage du Dauphin. « On n'est pas fort content de l'exécution du feu qui manqua en partie, remarque Hardy, la portion la plus intéressante ayant été consumée par les flammes ; on est encore dans le cas de gémir des accidents de toute espèce qui arrivent à cette fête ; il s'y était rendu une si prodigieuse quantité d'équipages, que la multitude en est extrêmement maltraitée, on ramasse des corps morts de quoi en remplir onze voitures ; indépendamment des morts, un très grand nombre de personnes sont aussi dangereusement blessées.»

2. « Ce qui indigna, ce fut de voir, trois jours après ce désastre, M. Bignon, le prévôt des marchands qu'on en regardait comme le principal auteur, se montrant en public dans sa loge à l'Opéra. » (*Vie privée de Louis XV.*)

REMONTRANCES

DE

SAINT LOUIS AU PARLEMENT

De par tous les amis du trône,
Aux gens tenant le Parlement
Et respectant peu la couronne,
Saint Louis remontre humblement
Que ce n'est point l'usage, en France,
Que des sujets contre le Roi
Fassent, en réclamant la loi,
Acte de désobéissance[1].

Qu'il est honteux que la balance
Du sceptre usurpant le pouvoir,

---

1. Pour mettre un terme aux accusations dont il était l'objet de la part des Bretons, le duc d'Aiguillon avait demandé à être jugé par la cour des pairs. Le Roi en personne alla présider les débats, qui furent inaugurés avec solennité. Mais au bout de quelques mois, cédant aux instigations de Mme du Barry et du chancelier Maupeou, il annula la procédure; comme le Parlement avait déclaré tout aussitôt le duc privé des privilèges de la pairie jusqu'à ce qu'il se fût purgé des soupçons qui entachaient son honneur, le Roi cassa cet arrêt, le 3 septembre, et fit enlever des registres du Parlement toutes les pièces du procès. Les magistrats, qui étaient sur le point d'entrer en vacations, décidèrent que l'affaire serait continuée à la ren-

Ose, au mépris de son devoir,
Fomenter avec insolence
Des troubles dont la violence
A compromis la vérité;
Qu'il est honteux que le silence,
Imposé par l'autorité,
Soit taxé par l'indépendance
De faveur et d'iniquité.

Que c'est un dangereux système
D'oser, chez un peuple soumis,
Se jouer du pouvoir suprême
Et lever sur le diadème
Le glaive effronté de Thémis.

Que ce système abominable
Ferait horreur à des Anglais;
Qu'il paraît à tout bon Français
Une extravagance exécrable,
Digne de ces temps abhorrés

---

trée, « *considérant que la multiplicité des actes d'un pouvoir absolu exercés de toutes parts contre l'esprit et la lettre des lois constitutives de la monarchie française, et certainement contre le vœu intime du seigneur Roi est une preuve non équivoque d'un projet prémédité de changer la forme du gouvernement, et de substituer à la force toujours légale des lois, les secousses irrégulières d'un pouvoir arbitraire; que, dans un moment de crise aussi violent, il est de l'intérêt le plus pressant que les lois fondamentales restent sans atteintes nouvelles pour conserver tout l'effet que leur réclamation ne peut manquer d'avoir dans des circonstances plus favorables à la vérité....* »

Où l'on vit un moine coupable
Séduit et poussé par degrés
Au forfait le plus détestable.

Que, pour obvier à ces maux,
A Bicêtre il faudrait conduire
Tous ceux qui s'efforcent d'induire
La France en des troubles nouveaux,
Et par quelques faibles cerveaux
Se laissent mener et séduire.

Telles sont, gens du Parlement,
Les vérités qu'en conscience
A cru, sur votre extravagance,
Devoir vous offrir humblement
Le plus grand Roi qu'ait eu la France.

MADEMOISELLE DERVIEUX[1]

J'suis un milord,
Tout cousu d'or,
Arrivant d'Angleterre ;
J'veux connaître l'plus fameux b....,

---

1. Cette pièce peut être considérée comme la contrepartie de l'épître adressée par Dorat à Mlle Dervieux. Grimm écrit à ce sujet, dans sa *Correspondance* : « M. Dorat, qui est en possession d'adresser ses hommages à toutes

Hélas ! dites-moi dans lequel....? —
Chez la Dervieux,
Aux beaux yeux bleus,
Chez sa p..... de mère.

Comment entrer,
Se présenter ?
Comment faire pour lui plaire ?
Encore, mon ami, si j'étais,
Recommandé par quelque Anglais ! —
Non ; simplement,
Beaucoup d'argent
A la fille, à la mère.

Sachez, monsieur,
J'suis d'un' grosseur

les beautés célèbres sans les connaître, vient de chanter les charmes d'une nouvelle Hébé. Cette Hébé-Dervieux est une petite danseuse de l'Opéra affligée de quinze ou seize ans ; c'est un de ces enfants qui dansaient à l'âge de neuf à dix ans dans les Champs Élysées de l'opéra de *Castor*, et qui sont devenus, la plupart, de très jolis sujets pour la danse. Si je ne craignais de me brouiller avec M. Dorat, je dirais que je trouve à Hébé-Dervieux l'air un peu commun, avec l'éclat et la fraîcheur de la première jeunesse, ce qui ne l'a pas empêchée de gagner déjà des diamants. Elle vient d'acheter une maison, rue Sainte-Anne, qu'elle a payée soixante mille livres ; elle en dépensera autant en embellissements, et j'aurai l'avantage inestimable d'être son voisin quand elle donnera à souper à M. Dorat. Elle joua et chanta, il y a quelques années, le rôle de Colette dans *le Devin du village*, avec beaucoup de gentillesse, et personne ne dansa mieux à sa noce qu'elle-même. C'est là l'époque de sa célébrité. »

Qu'est très extraordinaire,
Pour n'pas souffrir dans le plaisir,
Où donc faut-il aller m' blottir ? —
    Dans la Dervieux,
    Mais encor mieux,
Dans sa p..... de mère.

    Pour me guérir
    Du goût d' mourir,
On m'ordonn' la v.....;
Pour l'attraper en peu de temps,
J'crois qu'il faut courir les boucans... —
    Oh ! la Dervieux
    Vaut cent fois mieux,
Croyez-moi sur parole.

    Dans quel quartier
    Peut-on trouver
Ce remèd' salutaire,
Dis-moi, l'plus cher de mes amis :
Où faut-il chercher son logis ? —
    A Noël prochain,
    A Saint-Martin,
Avec sa f..... mère.

REMONTRANCES

A

MADAME LA DAUPHINE[1]

A la cour il n'est rien de stable,
Tout y brille un moment, tout y passe en un jour,
  Et la faveur la plus durable
  A des ailes comme l'amour.
Étourdis, enivrés d'une vapeur légère,
Ministres, favoris, ânes, chiens et chevaux,
  Sur ce point-là sont tous égaux.
  Jouet d'un caprice éphémère,
L'homme est changeant, et les enfants des rois
  Sont plus hommes cent fois
  Que le plus inconstant vulgaire.
  Maîtresse que nous regrettons,
  Vous dont la voix enchanteresse
  Nous prodiguait les plus doux noms,
Et dont la belle main nous fit mainte caresse,
  Jeune Dauphine, adorable princesse,
Permettez-vous à de pauvres grisons,

1. Présentées par les ânes ci-devant à son service. (M.) Un plaisant, dont le nom est resté inconnu, s'amusa à composer cette facétie dans un temps où il était sans cesse question de remontrances du Parlement.

Qui sortant de votre écurie
Sont renvoyés à leurs chardons,
D'apporter à vos pieds une triste élégie
Sur le plus sanglant des affronts
Qu'ils aient essuyé de leur vie ?
Plus fiers que les coursiers qui portèrent jadis
Les Renaud et les Amadis,
Angélique en corset et Roland sous les armes,
On nous a vus porter vos charmes
Sur l'émail des gazons fleuris.
Notre pas ferme et votre marche altière
Semblaient de notre charge annoncer tout le prix;
Si l'on nous eût permis de braire,
Notre patois eût dit aux peuples attendris :
Eh bien! voilà pourtant la fille de Louis,
Vous savez tous qu'elle eut pour mère
Des Césars l'auguste héritière;
Mais convenez, nos bons amis,
Qu'elle aurait en simple bergère,
En dépit de Vénus, la pomme de Pâris.
Nous ne le disions pas, mais sur notre passage
Tous les gens tenaient ce langage;
Si ce baudet que l'on nous peint
Chargé des reliques d'un saint,
Des respects des passants prenait pour lui l'hommage,
Moins sots que lui, mais plus contents,
Nous ne respirions pas l'encens
D'une populace hypocrite;
Celle qu'on vit à notre suite
Nous fit de bien bon cœur tous ses remerciements

Et près d'elle du moins nous avions un mérite,
    Celui de marcher à pas lents
    Et de prolonger le voyage,
    Pour laisser admirer aux gens
    De plus près et de plus longtemps
    Les grâces de votre visage.
    Quel avantage ont donc sur nous
    Ces fameux coursiers d'Ibérie?
    Fiers souverains d'une écurie,
    Et qu'on verrait à nos genoux
    Sous le manège et sous l'envie.
    Leurs larges fers ont trente clous
    Meurtriers pour l'herbe fleurie;
    Leur regard a l'air du courroux,
    Leur ardeur peut coûter la vie.
    Sur ces animaux menaçants
Vit-on jamais ou Pallas ou Pomone?
Et la blonde Cérès, aux premiers jours d'automne,
    Et la jeune Flore, au printemps,
    Viennent-elles courir les champs
    Sur la monture de Bellone?
    Que quelque jour, dans les combats,
Votre époux sur leur dos coure après la victoire,
Et vous fasse trembler en bravant le trépas,
Princesse, cet honneur nous ne l'envions pas.
D'un œil moins sec alors vous fixerez la gloire,
    Et vous direz, voyant partir
    Tous ces quadrupèdes terribles:
Hélas! ils vont au feu; mes ânes plus paisibles
    Ne partaient que pour le plaisir.

De nos rivaux altiers la superbe encolure
    En vain flatte la vanité,
Quand ils auraient pour eux la tête et la figure,
    Nous avons pour nous la bonté ;
Nous avons la constance et la sobriété.
      Cédons leur encor la parure ;
      Que l'or, la soie et les clinquants
      Garnissent leur dos et leurs flancs,
      Ce n'est point l'art, c'est la nature
      Qui sert de lustre à la beauté ;
      Elle brille sur la verdure,
      Et dans une riche voiture
      Son éclat paraît emprunté.
    Sur notre dos que vous étiez gentille !
Quand Vénus en naissant sur l'onde se montra,
    Son char était une simple coquille
      Et tout l'univers l'admira.
      Laissez donc, princesse chérie,
      Laissez reposer quelquefois
      La bruyante cavalerie
      Qui fait peur aux nymphes des bois.
Venez sur vos grisons vous montrer aux bergères,
      Venez sourire aux laboureurs,
      Venez contempler les chaumières
      Où dorment le soir ces pasteurs.
Nous n'irons pas chercher le séjour des grandeurs,
Nous nous arrêterons à la porte des sages ;
      Et vous connaîtrez les villages,
      C'est là le séjour des bons cœurs.
Pour ce service au moins, gardez-nous de l'envie,

Sauvez-nous de l'intrigue et de la calomnie,
    Et si jamais les courtisans,
    Tout en riant venaient vous dire
    Que vos ânes sont trop savants
(Car ce mot à la cour est un trait de satire
    Pour écarter les bonnes gens),
    Sachez que, sans s'en faire accroire,
    Un âne toujours s'instruisit
    Avec tels maîtres qu'il servit;
    Et la preuve en est dans l'histoire :
L'ânesse d'un prophète imposteur et maudit
Ne parla-t-elle pas et raison et sagesse
    A ce brutal qui la battit ?
    L'âne que vous montez, princesse,
    Doit avoir cent fois plus d'esprit.

NOËLS POUR L'ANNÉE 1770[1]

    D'une mère pucelle,
    Parmi nos beaux esprits,
    L'étonnante nouvelle

1. Les noëls n'étaient guère consacrés jusqu'ici qu'aux personnages politiques et aux courtisans ; maintenant le rôle prépondérant joué par les encyclopédistes et les gens de lettres les désigne à leur tour aux traits de la satire.

Fit grand bruit à Paris :
Consultant sa raison,
L'un y croit, l'autre en glose.
Messieurs, dit Daubenton,
  Don, don,
Pour juger ce fait-là,
  La, la,
Touchons du doigt la chose.

De cette énigme obscure
Perçant la profondeur,
Buffon, de la nature
Soudain connut l'auteur.
Le céleste poupon
Alors dit à sa mère :
Quoi ! pour ce Bourguignon,
Au ciel, comme ici-bas,
Il n'est point de mystère !

La France à ce miracle
Bientôt ne croira plus,
Disait d'un ton d'oracle
Monsieur Dortidius [1] :
La révolution
Est due à mon génie ;
J'ai pour moi la raison
Et son *nec plus ultrà,*
Notre Encyclopédie.

---

[1]. Il s'agit ici de Diderot.

Avec son *Bélisaire*
Marmontel s'approcha ;
Dans les bras de sa mère
Le Sauveur se cacha.
De ma religion
Quel ennemi profane !
Dit tout bas le poupon.
Ah ! ma foi, c'est bien là
Le coup de pied de l'âne.

Tenant un exemplaire
De *Warwick* à la main,
En reniant Voltaire,
La Harpe entra soudain.
De sa présomption
La dose est un peu forte ;
Mais son *Timoléon*,
Son *Gustave* un peu plat,
Lui fit fermer la porte.

Sifflant en petit-maître,
On vit entrer Dorat ;
Il tâchait de paraître
Et bel esprit et fat ;
Il amusa, dit-on,
Et l'enfant et la mère,
Qui riaient de son ton ;
Mais sitôt qu'il parla
L'âne se mit à braire.

Vers l'auguste chaumière,
Aux cris de l'animal,
On voit courir Lemierre,
Joyeux d'un tel signal ;
Sa voix, à l'unisson,
Étourdit l'assistance :
Infortuné poupon,
Quoi ! faut-il que déjà
Ta passion commence ?

Voyant cette affluence,
Le chantre de Manon
Accourt en diligence,
Malgré son poil grison ;
Mais au divin poupon,
Bien loin de rendre hommage,
Il parut mécontent, dit-on,
De n'être arrivé là
Que pour voir un visage.

D'une mine un peu niaise,
Mais d'un air renchéri,
S'appuyant sur Thérèse,
Entra Rubiconi [1],
Se plaignant qu'à son nom
Un écrivain profane
Avait fait un affront,

1. On veut parler de J.-J. Rousseau, qui était venu se fixer à Paris au milieu de l'année, avec sa gouvernante Thérèse Levasseur dont il avait fait sa femme.

Et feignant pour cela
De ne point lorgner l'âne.

Courant à perdre haleine
Au céleste hameau,
On vit le grand Sedaine
S'approcher du berceau.
Il parut si bouffon,
Quoiqu'il se crût un sage,
Qu'il fallut du poupon,
Dès qu'il se présenta,
Changer tout l'équipage.

Tout au sortir de table,
Fréron, d'un air joyeux,
Accourut à l'étable ;
Il connaissait les lieux.
L'âne, en voyant Fréron,
Fit d'abord la grimace,
Croyant qu'Aliboron
N'était arrivé là
Que pour prendre sa place.

Dieu ! quelle fourmilière
Accourt de toute part !
Bret, Mathon, la Morlière,
Sautreau, Légier, Suard,
Quoi ! de ce peuple oison
La France est donc la mère ?
Que d'amis pour l'ânon ;

Le bœuf qui les vit là
Trembla pour sa litière.

A grands coups d'étrivière
Poursuivant ce troupeau,
On vit dans la chaumière
Un vengeur de Boileau.
Quel vacarme fit-on
Au seul nom de Satire !
Quel bruit ! quel carillon !
Combien on clabauda !
Jésus se prit à rire.

Par un choix politique,
Pour son représentant
La troupe académique
Nomma Simon le Franc.
Il composait, dit-on,
Sa propre apothéose.
Quoi ! notre ami Simon,
Dit Jésus un peu bas,
Croit être quelque chose ?

La bonne compagnie
Souvent a ses défauts :
L'enfant, disait Marie,
A besoin de repos.
O prodige soudain !
O merveille ineffable !
On vit entrer Saurin et Blin ;

Aussitôt tout bâilla,
La, la,
Tout dormit dans l'étable.

ÉPIGRAMMES DIVERSES.

SUR MADAME DU BARRY[1]

Pour qui ce brillant vis-à-vis ?
Est-ce le char d'une déesse,
Ou de quelque jeune princesse,
S'écriait un badaud surpris ? —
Non, de la foule curieuse
Lui répond un caustique, non :
C'est le char de la blanchisseuse
De cet infâme d'Aiguillon.

SUR MAUPEOU ET TERRAY[2]

Maupeou, que le ciel en colère
Nomma pour organe des lois,

---

1. Épigramme à propos d'un superbe vis-à-vis que le duc d'Aiguillon avait donné à Mme du Barry ; elle retombe et sur l'auteur du don et sur celle qui le reçoit. (M.)
2. L'abbé Joseph-Marie Terray (1715-1778), conseiller

Maupeou[1], plus fourbe que son père,
Et plus scélérat mille fois,
Pour cimenter notre misère,
De Terrai vient de faire choix.
Le traître voulait un complice[2],
Mais il trouvera son supplice
Dans le cœur de l'abbé sournois.

SUR LE DUC D'AIGUILLON[3]

Oublions jusqu'à la trace
De mon procès suspendu :
Avec des lettres de grâce
On ne peut être pendu.
Je triomphe de l'envie,
Je jouis de la faveur :

---

clerc au Parlement, fut choisi comme contrôleur général des finances, à la place de M. Maynon d'Invault au mois de décembre 1769.

1. René de Maupeou (1714-1792) était premier président au Parlement de Paris, lorsqu'il fut appelé en 1768 au poste de chancelier.

2. « Les politiques au fait du caractère de l'un et l'autre personnage n'eurent pas beaucoup de foi à cette amitié intéressée ; ils prédirent même qu'elle ne durerait pas et que tôt ou tard l'abbé, plus sournois, plus tenace, plus flegmatique, plus impénétrable, supplanterait l'autre. » (*Mémoires sur l'abbé Terray*.)

3. Au sujet de son procès que Mme du Barry avait terminé si heureusement pour lui. (M.)

Grâces aux soins d'une amie,
J'en suis quitte pour l'honneur.

SUR VOLTAIRE

Un jeune homme bouillant invectivait Voltaire!
　Quoi, disait-il, emporté par son feu,
Quoi, cet esprit immonde a l'encens de la terre?
Cet infâme Archiloque est l'ouvrage d'un dieu?
De vice et de talent quel monstreux mélange!
Son âme est un rayon qui s'éteint dans la fange :
Il est tout à la fois et tyran et bourreau ;
Sa dent d'un même coup empoisonne et déchire :
Il inonde de fiel les bords de son tombeau,
Et sa chaleur n'est plus qu'un féroce délire. —
Un vieillard l'écoutait, sans paraître étonné :
Tout est bien, lui dit-il. Ce mortel qui te blesse,
Jeune homme, du ciel même atteste la sagesse:
S'il n'avait pas écrit, il eût assassiné [1].

J'ai vu chez Pigalle aujourd'hui
Le modèle vanté de certaine statue ;

1. « On a répandu ces jours derniers cette épigramme, mais on n'a pu savoir le nom de l'enragé qui l'a composée. Elle a eu le sort de toutes les atrocités; l'horreur en est retombée sur l'auteur qui n'a pas osé se faire connaître. » (*Corresp. de Grimm, août.*)

A cet œil qui foudroie, à ce souris qui tue,
A cet air si chagrin de la gloire d'autrui,
Je me suis écrié : ce n'est point là Voltaire;
C'est un monstre... Oh ! m'a dit certain folliculaire,
    Si c'est un monstre, c'est bien lui !

SUR L'AVOCAT LINGUET [1]

LINGUET loua jadis et Tibère et Néron,
Calomnia Trajan, Titus et Marc-Aurèle :
Cet infâme, aujourd'hui, dans un affreux libelle,
Noircit la Chalotais et blanchit d'Aiguillon.

1. « Le sieur Linguet, auteur de mémoires en faveur du duc d'Aiguillon, a été frappé de sarcasmes à cette occasion. On a rapproché les éloges qu'il a insérés dans ses ouvrages des empereurs romains les plus en horreur, et la critique de ceux que l'histoire a toujours loués, et il en résulte cette épigramme très sanglante. » (*Mém. de Bachaumont.*)

ANNÉE 1771

TABLEAU DE LA COUR

Curieux qui voulez savoir
　Où peut aller la licence,
Le plus sûr moyen de le voir
　C'est de venir en France.
En aucun endroit plus que là
　Rien n'est en décadence :
La, la, la, la, la, la, la, la,
　Et toujours va qui danse.

Voyez sur le trône des lis
Un vieux enfant débonnaire ;
Une élève [1] de la Pâris [2]
　Tient son nez pour lisière ;
Et, d'un air très respectueux,
　Maints animaux sinistres

---

1. La comtesse du Barry. (M.)
2. Fameuse m......... (M.)

Endorment l'enfant de leur mieux
Sous le nom de ministres.

L'un, pour exterminer les lois,
Offre une glose au bon prince [1],
Pendant qu'un second [2] aux abois
Met toute une province ;
Et, pour lui servir de hochet,
Un messager funeste [3]
Porte cent lettres de cachet
Dans la main qui lui reste.

1. Le chancelier de Maupeou. (M.) « Le Maupeou fils, actuellement chancelier de France et l'horreur de la nation, a entrepris de rendre nos rois despotes de droit ; il n'a pas jugé suffisant qu'ils le fussent de fait, ou pour mieux dire il veut se rendre despote sous le nom de son maître et satisfaire en même temps sa haine contre le Parlement de Paris, dont il fut toujours méprisé et détesté aussitôt qu'il en devint le premier président... L'on peut appliquer au chancelier, à ce forcené qui renverse toutes les lois fondamentales du royaume, pour être premier ministre et despote sous le nom du Roi, deux vers de Virgile que voici :

Vendidit hic auro patriam, dominumque potentem
Imposuit, fixit leges pretio atque refixit.

Mettez à la place de *auro* et *pretio* l'intérêt personnel de Maupeou et l'application de ce passage lui va comme de cire ; car Virgile, dans cet endroit, parle d'un méchant puni dans les enfers pour avoir assujetti et trahi sa patrie. » (*Journ. hist. de Collé.*)

2. M. le duc d'Aiguillon, commandant de la Bretagne. (M.)

3. M. le duc de la Vrillière, ministre de Paris, qui est manchot. (M.) C'est lui qui fit expédier, le 22 janvier, les lettres de cachet exilant les membres du Parlement.

En abbé voudriez-vous voir
Comme un vautour se déguise?
Regardez bien ce grand houssoir [1]
  En casaque d'église.
Chaque jour, par mille moyens
  Cette espèce de moine,
Du bien de ses concitoyens
  Grossit son patrimoine.

Dans tous les ordres vous verrez
Commis et maîtresse en titre,
Payez-les cher et vous aurez
  Bientôt voix au chapitre :
En votre faveur on mettra
  Quelqu'un à la besace,
De tout on le dépouillera
  Pour vous donner sa place.

Regardez le doyen des Rois
Aux genoux d'une drôlesse,
Dont jadis un écu tournois
  Eût fait votre maîtresse,
Faire auprès d'elle cent efforts
  D'une façon lubrique,

---

[1]. L'abbé Terray, contrôleur général des finances, nommé, à cause de sa taille longue et mince, le *grand houssoir*. (M.) « On l'appelait à la cour *l'enfant gâté*, parce qu'il touchait à tout; le *grand houssoir*, parce qu'il atteignait partout : il riait de tous ces sobriquets. » (*Vie privée de Louis XV.*)

Pour faire mouvoir les ressorts
 De sa machine antique.

Mais c'est en vain qu'il a recours
A cette grande prêtresse.
Au beau milieu de son discours
 Il retombe en faiblesse;
De cette lacune, dit-on,
 En son âme elle enrage,
Mais un petit coup d'aiguillon [1]
 Bientôt la dédommage.

Au premier bobo qu'il aura,
Notre bon sire, en prière,
Pieusement la logera
 A la Salpêtrière :
En serons-nous mieux pour cela?
 Ma foi, c'est un peut-être;
C'est choir de Charybde en Scylla,
 De la catin au prêtre.

---

1. M. le duc d'Aiguillon passait pour l'amant de la comtesse.

LES AFFAIRES DU TEMPS

Que le ministre que l'on chasse [1]
Ne reprenne jamais sa place,
    Je le crois bien.
Mais que celui qui l'a chassé
Ne soit pas fort embarrassé,
    Je n'en crois rien [2].

---

1. Louis XV, vivement pressé par le chancelier Maupeou, et craignant de se voir exposé à une guerre avec l'Espagne par la politique extérieure de Choiseul, disgracia brusquement ce ministre. Le duc de la Vrillière lui notifia, le 24 décembre 1770, l'ordre du Roi qui lui enjoignait de se démettre de ses charges de secrétaire d'État et de surintendant des postes, et de se retirer à Chanteloup. « Cette révolution dans le ministère étant arrivée au moment où les Parlements étaient menacés de leur destruction, le public imagina des rapports de sentiments et d'opinions entre le duc et ces corps. Il se figura que c'était par vertu et par des principes de décence qu'il était opposé à Mme du Barry ; et, d'après cette opinion dénuée de fondement, le duc de Choiseul devint l'idole des magistrats, de leurs nombreux partisans, des gens vertueux, enfin du public entier. Au moment de sa disgrâce, les rues furent pendant vingt-quatre heures obstruées par la multitude des carrosses qui se rendaient à sa porte. Enfin, arrivé à Chanteloup, il vit se rendre en foule auprès de lui des courtisans que des charges éminentes auraient dû retenir à Versailles, et qui ne se firent point scrupule de braver le mécontentement du Roi. » (Senac de Meilhan.)

2. « Il n'y a point d'exemple depuis qu'on renvoie des ministres que le public ait marqué autant de regrets et

Qu'on trouve pour le ministère
Un homme aimé du militaire,
    Je le crois bien.
Mais qu'on lui trouve des talents
Pour le pouvoir garder longtemps,
    Je n'en crois rien.

Que le corps de notre finance
Ait encore quelque substance,
    Je le crois bien.
Mais que son régime insensé
Ne l'ait pas bientôt épuisé,
    Je n'en crois rien.

Que le peuple dans l'indigence
Demande du pain et vengeance,
    Je le crois bien.
Mais qu'au lieu de le voir périr
On s'empresse à le secourir,
    Je n'en crois rien.

Que le clergé dans l'opulence
Se moque des maux de la France,
    Je le crois bien.
Mais qu'il doive longtemps jouir

même d'indignation. La cabale ennemie est en horreur. On n'a encore remplacé que le département de la guerre par un homme (M. de Monteynard), dont on dit peu de bien ; c'est le prince de Condé qui l'a placé. » (*Correspondance de M*^{me} *du Deffand.*)

Année 1771.

De biens qui peuvent mieux servir,
　　Je n'en crois rien.

Que le Parlement qu'on exile
Ait été quelquefois utile,
　　Je le crois bien.
Mais qu'un freluquet à rabat
Fasse le soutien de l'État,
　　Je n'en crois rien.

Que messieurs les Parlementaires
Soutiennent messieurs leurs confrères,
　　Je le crois bien.
Mais que de leurs cris impuissants
Nous soyons étourdis longtemps,
　　Je n'en crois rien.

Que ce soit un bien pour la France
De changer la jurisprudence,
　　Je le crois bien.
Mais que le code qu'on attend
Prouve un heureux changement,
　　Je n'en crois rien.

Que ce fût très grande injustice
De payer pour rendre justice[1],

---

[1]. Le chansonnier est ici d'accord avec Voltaire, l'un des rares contemporains qui aient su apprécier la réforme

Je le crois bien.
Mais qu'on ne doive jamais rendre
L'argent qu'on eut grand tort de prendre,
Je n'en crois rien.

Que l'auteur d'un bien qu'on ignore
Forme d'autres projets encore,
Je le crois bien.
Mais qu'il soit temps de dévoiler
Les projets dont je veux parler,
Je n'en crois rien.

Que le chancelier qu'on déteste
Puisse un jour vous dire le reste,
Je le crois bien.

judiciaire opérée par Maupeou. « Le Roi, dit Voltaire, se rendit aux vœux des peuples qui se plaignaient depuis des siècles de deux griefs, dont l'un était ruineux, l'autre honteux et dispendieux à la fois. Le premier était le ressort trop étendu du Parlement de Paris, qui obligeait les citoyens de venir de cent cinquante lieues se consumer devant lui en frais qui souvent excédaient le capital. Le second était la vénalité des charges de judicature, vénalité qui avait introduit la forte taxation des épices. Pour réformer ces deux abus, six Parlements nouveaux furent institués, le 23 février, sous le titre de *conseils supérieurs*, avec injonction de rendre gratis la justice... L'opprobre de la vénalité dont François Ier et le chancelier Duprat avaient malheureusement souillé la France fut lavé par Louis XV et par les soins du chancelier Maupeou, second du nom. On finit par la réforme de tous les Parlements, et on espéra, mais en vain, de voir réformer la jurisprudence. » (*Histoire du Parlement de Paris*.)

Mais qu'on pense toujours de lui
Tout ce qu'on en dit aujourd'hui,
Je n'en crois rien.

INVECTIVES

CONTRE

SÉGUIER ET JOLY DE FLEURY

Quel est le rhéteur pantomime [1]
Qui, feignant un front abattu,
Veut jouir des profits du crime
Et des honneurs de la vertu ?

1. M. Séguier. Il présenta les lettres patentes qui commettent le Conseil pour tenir le Parlement les larmes aux yeux. (M.) — C'était dans la séance du 24 janvier qu'il fut donné lecture des lettres patentes en vertu desquelles des membres du grand Conseil étaient chargés de remplacer les magistrats destitués. « M. Séguier, premier avocat général, fit un discours des plus concis, portant en substance que son cœur était pénétré de la douleur que l'on voyait peinte sur son visage, et que ce n'était que les larmes aux yeux qu'il donnait ses conclusions ; en même temps ce papier parut lui tomber des mains et lui-même se laissa tomber sur son siège, de manière à faire croire à sa sensibilité véritable, si l'on n'avait eu les raisons les plus légitimes d'en douter. » (*Mém. de Hardy.*) Il conservait en effet ses fonctions de premier avocat général.

Il s'attendrit sur nos disgrâces.
Tartuffe, laisse tes grimaces,
Tu ne peux plus nous décevoir;
Personne ne t'en tiendra compte,
Tu n'en tireras que la honte
D'avoir mal joué ton devoir.

Il est une âme encor plus basse[1],
C'est toi, l'opprobre des Fleurys,
Dont l'ignorance oisive et crasse
A réuni tous les mépris.
Dans la plus infâme crapule
On t'a vu rouler sans scrupule
Quand l'honneur réclamait ta voix.
Aujourd'hui le vice t'appelle,
Va donc lui prodiguer ton zèle,
Il eût déshonoré les lois.

Sur les promesses de ton maître
Tu fondes ta félicité;
Ne vois-tu pas comme le traître
Se rit de ta crédulité?
Tant que tes manœuvres reptiles
A ses projets seront utiles,
Tu n'essuieras aucun refus.
Mais ne trouve jamais étrange

---

1. Joly de Fleury, qui prit la place de procureur général du nouveau Parlement. Il a été exilé peu de temps avant le retour de l'ancien à Maubeuge. (M.)

S'il te repousse dans la fange
Quand tu ne lui serviras plus.

Tâche d'éterniser l'injure
Dont tu viens de couvrir les lois ;
Où te cacheras-tu, parjure,
Quand Thémis reprendra ses droits ?
Par ton hypocrite assurance,
Détruis la publique espérance
Qui te pénètre de terreur,
Comme on voit le tremblant athée
Nier, d'une bouche effrontée,
L'enfer qui mugit dans son cœur.

L'ENTERREMENT
DU PARLEMENT

On fait dire à toute personne
Que demain, vingt-six du courant,
Dans l'église de la Sorbonne,
On enterre le Parlement,
Suivi des plaideurs, des plaideuses,
Du grand Conseil, des gens du Roi ;
Les jésuites en pleureuses,

Accompagneront le convoi ;
Beaumont[1] fera les funérailles,
Malgré sa profonde douleur ;
Et la musique de Versailles
Chantera la messe en grand chœur.
Le dévot Poncet[2], si célèbre
Par son zèle pour le Sénat,
Publiera l'éloge funèbre
Avec l'humblesse du prélat.
Calonne[3] sonnera la cloche,
Maupeou sera le fossoyeur,
Lui qui, plus ferme qu'une roche,
Pour mériter le doux honneur
D'établir l'heureux despotisme,
Enterrerait de tout son cœur
Les lois et le patriotisme.
Le pacifique d'Aiguillon,
Dont l'âme est un peu rassurée,
Présentera le goupillon
A la vénérable assemblée ;
Et le clergé, couvert de deuil,
Jettera des flots d'eau bénite
Sur le trop funeste cercueil.
Après quoi, sortant de leur gîte
Avec un minois compassé,

---

1. L'archevêque de Paris. (M.)
2. Ancien évêque de Troyes, faiseur de plates oraisons funèbres. (M.)
3. Ancien procureur général du Parlement de Metz, si connu dans l'affaire de M. de la Chalotais. (M.)

Billard et Grisel[1] viendront dire
Le *Requiescant in pace :*
Et puis le duc.[2], qui ferait rire
S'il n'était toujours escorté
D'ordres émanés du tonnerre,
Signifiera dans le parquet
Au Sénat, quoique mis en terre,
Nouvelle lettre de cachet,
Par laquelle on lui fait défense
D'apparaître chez les vivants,
Maupeou craignant à toute outrance
Le retour des honnêtes gens.
En outre, on fera les partages
Des effets de ces magistrats
Aux J.-f.[3] leurs emplois et leurs gages,
Aux jésuites leurs rabats,
Aux sorbonnistes leur science,
Aux traitants leur intégrité,
Aux évêques leur éloquence,
Aux ministres leur équité.
Ainsi le Parlement de France,
Qu'on vient, hélas ! d'ensevelir,
N'a, de son ancienne existence,
Que l'honneur qui ne peut périr.

1. Billard, ancien caissier des postes, condamné au carcan pour banqueroute. L'abbé Grisel, directeur de conscience, impliqué dans la même affaire. (M.)

2. Le ci-devant comte de Saint-Florentin, devenu duc de la Vrillière. (M.)

3. Ce mot vient de Bretagne. On appelait J.-f. ceux qui tenaient pour la cour. (M.)

Mais, chrétiens, ce qui nous console,
C'est que la résurrection
Est, selon la loi du symbole,
Un dogme de religion.

LE

CONSEIL SUPÉRIEUR DE BLOIS[1]

Or écoutez, petits et grands,
Le plus grand des événements :
On en parlera dans l'histoire ;
A peine pourra-t-on le croire,
Car si je ne l'avais pas vu,
Jamais je n'en aurais rien cru.

Le samedi, deux de ce mois,
Nous sommes tous venus à Blois,
Pour y contempler la merveille
De notre souverain Conseil ;
Et nous avons, en vérité,
Tous été bien émerveillés.

---

1. Relation de la première séance du Conseil supérieur de Blois, tenue le 2 mars. — Par le maître d'école de Chouzi, près Blois. (M.)

Nous avons vu des magistrats
En robes rouges et rabats,
Parés comme les jours de fête ;
Saint Michel était à leur tête ;
Après marchaient deux présidents,
Suivis d'onze honnêtes gens.

Preuve de leur honnêteté
Et qu'ils étaient bien élevés,
Ils faisaient force révérence,
Comme à la noce, quand on danse.
Enfin, par leurs provisions,
On voit qu'ils étaient bons garçons.

Pour attirer le Saint-Esprit
Sur des gens aussi bien appris,
La messe en pompe fut chantée,
Par la musique bien notée ;
Mais l'Esprit-Saint n'est pas venu,
Du moins nous ne l'avons pas vu.

C'était un grand jour de marché,
Que nos conseillers bien frisés
Défilaient le long de la place ;
Mais plus d'un faisait la grimace
De ce qu'ils n'étaient pas assez
Pour former le nombre annoncé.

Nous souffrions de l'embarras
De ce vénérable Sénat :

Mais, par une heureuse aventure,
Nous avions plus d'une monture,
Et chacune certainement
Était bâtée superbement.

Dès que le souverain conseil
Sortit avec son appareil,
Nos ânes, voyant leurs confrères,
Se mirent aussitôt à braire,
Et demandèrent à grands cris
Qu'en la troupe ils fussent admis.

Indépendamment de la voix,
Il était bon de faire un choix,
Pour éviter la bigarrure
Parmi cette magistrature;
Les plus rouges furent choisis
Comme étant les mieux assortis.

Les ânes, ayant pris leur rang,
Fermèrent la marche à l'instant.
Je passe les cérémonies
Que firent les deux compagnies.
La ville, en cette occasion,
Marqua sa satisfaction[1].

Or donc, de nos vingt conseillers
On vit d'abord les six derniers

---

1. Voy. la *Gazette de France* du 8 mars 1771. (M.)

S'en retourner à leur village,
Criant, dans leur noble langage,
Que, vu le poids de leurs fonctions,
Ils donnaient leurs démissions.

Vous voyez qu'il ne restait plus
Que quatorze ânes tout au plus :
Mais surtout où le bât les blesse,
Prodige de délicatesse !
Huit autres encore ont quitté
Et six seulement sont restés.

Tout ceci, retenez-le bien,
Fait leçon pour les gens de bien,
Dans une pareille occurrence.
Monsieur le chancelier de France
Mérite bien tous nos respects
D'avoir pris d'aussi bons sujets.

L'ABBÉ HOCQUART [1]

Lorsqu'en France on battait la caisse
Pour y trouver des magistrats,

---

[1]. Chanson à l'occasion de la commission de conseiller au conseil supérieur de Châlons, sollicitée et obtenue par l'abbé Hocquart, chanoine de Châlons. (M.)

Certain abbé, fendant la presse,
Fut un des premiers candidats.

C'était suppôt de cathédrale,
Plus fait pour la table et le jeu
Que pour occuper un froid stalle,
Bon seulement à prier Dieu.

Il faut bien faire un sacrifice
Pour croître de deux mille francs
Le revenu du bénéfice
Et du piquet et des brelans.

Plein d'une si belle espérance,
Au son de l'or, notre abbé part,
Arrive au chancelier de France :
On annonce..... l'abbé Hocquart.

Ton nom, dit Maupeou, m'extasie :
C'est celui du fameux Hocquart[1] !
A sa place, malgré l'envie,
Tu seras, fusses-tu bâtard.

Des dispenses recommandées
On t'expédiera dans ce jour,
Bien et dûment enregistrées
Par gens de ma nouvelle cour.

1. L'un des présidents de la deuxième chambre des requêtes du Parlement de Paris, exilé le 24 janvier.

Un préambule est nécessaire :
As-tu bien été baptisé?
Oui, monseigneur, la chose est claire;
Claude est le nom qu'on m'a donné.

Notre cher, féal, et bien Claude [1],
Puisqu'il appert à tout voyant
Que tu l'es vraiment et sans fraude,
Reçois-en notre compliment.

Pour de notre gent moutonnière
Juger procès mus, à mouvoir,
Te dispensant de la prière,
Et par-dessus, de tout savoir.

Savoir faisons aux bêtes champenoises
Que par dessein et non pas par mégard,
Nous nommons, pour juger toutes leurs noises,
Notre féal Claude et bien Claude Hocquart.

1. Les provisions de chancellerie portent toujours : Notre féal et bien-amé.
Par dessein, et non par mégarde, on a mis dans celles de l'abbé Hocquart, au lieu de *bien-amé Claude,* simplement *bien Claude.* Elles sont ainsi enregistrées. On peut le voir au greffe. (M.)

LE LIT DE JUSTICE[1]

Dans un lit de justice,
Le Roi, d'un Parlement,
De sa bonté propice
Nous fait un beau présent.
Eh! mais vraiment,
Nous avions un très grand besoin de ça.

Le Roi s'impatiente;
Je n'en suis pas surpris,
Les princes le tourmentent[2];

---

1. Dans le lit de justice du 13 avril, les gens du Conseil commis pour tenir la place des magistrats furent relevés de leurs fonctions, et un nouveau Parlement de Paris fut institué.

2. « Le 12 avril, les princes du sang ayant appris que l'on devait tenir un lit de justice à Versailles pour établir un nouveau Parlement, mandèrent le sieur Sollet, huissier en la chambre des comptes, et lui *donnèrent mandement* et pouvoir d'aller signifier dans le jour leur protestation à M. de Monval, greffier civil du Parlement, en l'interpellant de la déposer dans son greffe et d'en donner connaissance à MM. du Conseil siégeant au Palais ou autre. Ce qui a été exécuté à la lettre.

« Le lendemain, au lit de justice, plusieurs ducs et pairs des plus distingués protestèrent verbalement, parlant à M. le chancelier, et il est constant qu'au moins douze d'entre eux ont fait une protestation relativement à celle des princes. A la tête des opposants était le duc d'Uzès, premier pair de France. » (*Mém. de Hardy*.)

Ils sont des mal appris.
Eh ! mais vraiment,
Ils pourront bien se repentir de ça.

Plusieurs des pairs de France,
Pour montrer leurs talents,
Opinent en conséquence
Au rebours du bon sens.
Eh ! mais vraiment,
Ils pourront bien se repentir de ça.

Un d'entre eux[1] ne put lire
Ce qu'il avait écrit,
Et son voisin de rire
Malgré tout son dépit.
Eh ! mais vraiment,
Il n'y a rien de si naturel que ça.

Mesdames de la ville,
Mesdames de la cour,
Pour chasser votre bile
Faites plutôt l'amour.
Eh ! mais vraiment,
Il n'y aurait pas tant de mal à ça.

---

1. M. le duc de Rohan-Chabot. (M.)

Princes du sang, la paresse [1],
La crapule, la bassesse,
L'indolence et la faiblesse,
Voilà votre vrai ballot;
Mais espérer que la France
Mette en vous sa confiance,
Il faut la croire en démence.
Le Français n'est pas si sot, si sot, si sot, si sot.

Un seul d'entre vous mérite
Qu'on l'approuve et qu'on l'imite,
C'est La Marche que je cite,
Du Roi, l'ami, le cousin;
Pour les autres cinq altesses
L'on peut, sans tant de finesses,
Dire : je m'en bats les fesses.
Que peuvent tous ces vauriens? rien, rien, rien.

---

1. Sur la protestation des princes du sang. — Le comte de La Marche, fils du prince de Conti, fut le seul qui suivit un parti contraire et qui assista au lit de justice du 13 avril... ce qui lui attira le mépris public. (M.)

RENÉ DE MAUPEOU
Chancelier de France
1714-1792

Rousselle. sc.   A. Quantin. Imp. Edit.

PANÉGYRIQUE

DU

CHANCELIER MAUPEOU

Auguste magistrat, dont la haute prudence
S'applique à réparer des maux que la licence,
Sous le voile des lois et de l'autorité,
Semblait perpétuer avec impunité ;
Intrépide Maupeou, quand ton âme sublime
Prend en faveur du peuple un essor magnanime,
Souffre qu'un bon Français félicite son Roi
D'avoir cru ne trouver un sûr appui qu'en toi.
Assez d'autres, bravant l'innocence opprimée,
Ont pu voir d'un œil sec l'erreur envenimée,
L'avarice insensible et l'orgueil fastueux,
Appauvrir, écraser des sujets vertueux,
Qui, maudissant en vain la sombre politique
Dont se couvre un pouvoir usurpé, despotique,
Sous un prince chéri, dans leurs maux les plus grands
N'aperçoivent partout que de lâches tyrans.
Toi seul, vraiment touché des cris que la patrie
Fait souvent retentir dans ton âme attendrie,
Tu veux à ses malheurs donner un prompt secours,
Du crime et du désordre interrompre le cours,
Dans l'État chancelant rétablir l'équilibre,
Rendre un peuple à la fois obéissant et libre ;

Affermir la couronne, oser par tes décrets
D'un pouvoir subalterne arrêter les progrès;
A la religion, que des sectes obscures
Souillent malignement de leurs couleurs impures,
Restituer l'éclat dont nos sages aïeux
La virent couronnée en des temps plus heureux;
Enfin de la vertu, de la faible innocence,
Sous le sceptre des rois assurer l'existence.
Déjà nous te voyons, hardi réformateur,
Le front calme et pareil à l'être créateur,
Sur un chaos informe, une masse grossière,
D'un ton majestueux appeler la lumière.
La lumière paraît; quel chef-d'œuvre nouveau!
Est-il pour les Français un spectacle plus beau?
On s'irrite pourtant, et des complots funèbres
Semblent vouloir encor rappeler les ténèbres.
Par un dépit jaloux, on ne peut supporter
Que ton vaste génie ait su déconcerter
Un projet dangereux, une folle entreprise
Qui devait renverser et l'État et l'Église.
N'oppose à ces vains cris qu'une mâle fierté;
Souviens-toi que toujours vers l'immortalité,
Tranquille et sans effroi, dans un noble silence,
A travers les clameurs le grand homme s'avance.
Un temps viendra sans doute où, plus reconnaissants,
Les peuples, soulagés dans leurs besoins pressants,
Par des tributs flatteurs payés à ta mémoire,
Tâcheront à l'envi d'éterniser ta gloire,
Et charmés d'observer par quels heureux accords
De tout l'État en paix on fait mouvoir le corps,

Tous se diront : il fut un chancelier en France
Qui, sachant réprimer l'altière indépendance,
Écarta le péril qui menaçait nos lois,
Fut le sauveur du peuple et le vengeur des rois.

L'ABOLITION

DU

PARLEMENT DE ROUEN

Approchez tous, et qu'un chacun écoute
Le fait piteux que je vais raconter.
Les exilés en riront peu sans doute,
Car tous les cœurs ont lieu de s'attrister.
   Chère patrie,
   Chère Neustrie,
   Dis-nous comment
  Est mort ton Parlement.

Ce Parlement, qui se traitait de classe,
Car il était composé d'écoliers,
Voulait du maître, hélas ! prendre la place,
Et s'est enfin mis mal dans ses papiers.
   C'est grand dommage,
   Il eût, je gage,

Vécu longtemps
Étant rempli d'enfants.

Que de beaux traits illustrent sa mémoire,
Que de beaux traits le faisaient respecter !
Oui, ses droits forment une histoire
Propre à le faire regretter.
Que de victimes
Franches de crimes
Ont, par ses soins,
Péri devant témoins.

Vasse et Follen[1], vous méritiez sans doute
Que vos parents vous fissent fouetter.
Notre Sénat a pris une autre route :
Il vous a fait tous deux décapiter.
Sans quoi peut-être
Vous pourriez être
En faction
Morts sans confession.

Pauvre Fourcy[2], ce Sénat vénérable,
Cet attentif et clairvoyant Sénat,
Quoique innocent, vous a jugé coupable

---

1. Deux officiers de Royal-Lorraine, exécutés en 1762. (M.)

2. Roué en 1764, au rapport de M. de Ranville, qui ne voulut pas différer de le faire, quoiqu'on lui dît que les vrais coupables étaient arrêtés en province ; le fait était vrai. La mémoire a été réhabilitée, le procès revu au Conseil et cassé. (M.)

Et fait rouer comme un franc scélérat.
  Sa prévoyance
  Vous a d'avance
  Su garantir
 De tous maux à venir.

Chose au-dessus de toute vraisemblance,
Ce bénin corps a remontré là-haut,
Non en faveur de la triste innocence,
Mais au profit du planteur d'échafaud.
  Fait incroyable,
  Mais équitable,
  De son métier
 Doit vivre l'ouvrier.

Saffray, Duval, Yon, Viard [1], et tant d'autres
Qui rimeraient ici malaisément,
De par le Roi vous êtes tous des nôtres,
Quoique proscrits de par le Parlement.
  Si, dans sa rage,
  L'aréopage
  Vous eût pendus,
 Vous n'existeriez plus.

Nos grands jugeurs, pour augmenter leurs rentes
Ont fait accroire au Roi le plus humain

---

[1]. Accusés dans différents procès, condamnés à mort, les arrêts cassés en revision, malgré les sollicitations contraires du Parlement. (M.)

Qu'il rendrait tôt la province opulente
S'il permettait que l'on touchât au pain.
    Mais Dieu sait comme
    Tout homme est homme
    Quand notre bien
   Peut devenir le sien.

Ils étaient tous avides de science,
Ils en meublaient largement leur cerveau,
On les voyait jusque dans l'audience
Lire projets, gazette, écrits nouveaux.
    Puis, sans entendre,
    Sans rien comprendre,
    Ils vous jugeaient
   Tout comme ils le voulaient.

La charité, constamment délaissée :
Nous n'étions pas dignes d'en profiter.
Quand des jugeurs la morgue est offensée,
On les entend aussitôt la citer.
    Mais c'est la mode,
    C'est la méthode,
    Nul aujourd'hui
   Ne pense pour autrui.

Ci-gît, hélas ! qui fut jadis en vie;
Ci-gît un mort qui jamais ne vivra,
Qui se disait père de la patrie,
Et de son sang fréquemment s'abreuva.
    Future race,

Faites-lui grâce;
Il ne savait
Souvent ce qu'il voulait [1].

NOËLS POUR L'ANNÉE 1771

Voici l'Avent, chantons Noël,
Le fils de Dieu descend du ciel
Par les flancs d'une vierge mère.
    Lère, la, lère lon lère,
    Lère, la, lère lon la.

Des souverains de chrétienté
Un bon grand tiers s'est ajusté
Pour l'aller voir dans sa chaumière.

Suivi d'une brillante cour,
Louis [2] paraît au point du jour,
Encor bien vert pour un grand-père.

---

[1]. Comme on peut le voir par cette pièce et les trois précédentes, les mesures prises par Maupeou ne furent pas accueillies avec les mêmes sentiments dans toutes les provinces.

[2]. Le roi de France. (M.)

Le roi d'Espagne[1] gravement
D'une montre amuse l'enfant,
Et rend grâce au ciel du mystère.

Le Portugais[2], saisi d'effroi,
Fait valoir ses actes de foi
Aux Loyolistes si contraires.

L'Hollandais[3], triste, avare, actif,
Veut un privilège exclusif
Pour rendre au Japon les mystères.

---

1. Le roi d'Espagne a le goût le plus particulier pour l'horlogerie, dont il a un cabinet précieux auquel il donne chaque jour beaucoup de temps. (M.)
2. Le roi de Portugal. (M.)
3. Le Hollandais est le seul peuple chrétien qui commerce au Japon. Il s'est acquis cette prérogative en se soumettant tout à la fois, lorsqu'il débarque, à fouler aux pieds le crucifix et à se rendre incontinent en prison pour y rester jusqu'à l'instant même du départ. Des agents du gouvernement sont chargés de négocier et de conclure tous les marchés des Hollandais, qui en déposent la valeur en arrivant. On peut convenir, sans être scrupuleux, que des hommes qui, pour de l'argent, consentent des conventions de cette nature, sont des infâmes dignes de l'exécration universelle. Le Hollandais, bien connu, passera en général pour tel à tous les yeux. Chez lui, tout est commerce; les vertus et les vices y sont, comme le tabac, un objet de spéculation et de trafic, et rien autre chose. En 1762, sortant entre midi et une heure de la Bourse d'Amsterdam avec le chevalier de Ménésez, Portugais, qui s'y était entretenu en italien avec un banquier, un honnête Hollandais nous proposa un jeune garçon du même ton que si c'eût été une lettre de change; d'où l'on peut conclure, d'après les principes de Montesquieu, qu'un peuple

Monsieur de Poniatowski [1],
Roi d'amour, vient montrer aussi
Sa couronne quoique légère.

La czarine veut, à son tour,
Au nouveau-né faire la cour ;
Mais à Joseph ça ne peut plaire.

Voyant près d'elle les Orlous [2],
Il tremble, hélas !... car, comme époux,
Il craint leur ardeur meurtrière.

---

entièrement commerçant, n'admettant par cela même aucune vertu morale, est par conséquent le peuple le plus corrompu, comme aussi le plus infâme. (M.)

1. M. de Poniatowski, palatin de Pologne, élu roi de cette république par les efforts de Catherine II, souveraine des Russies, dont il avait été l'amant. Cette impératrice profita depuis de la bonhomie et de la faiblesse de ce prince pour, d'accord avec l'empereur d'Allemagne et le roi de Prusse, démembrer son royaume et se partager entre eux un tiers environ de l'État polonais. (M.)

2. Orloffs dit Orlous. On tient de bon lieu qu'à Florence, dans l'hiver de 1771, l'un des comtes Orloff étant ivre eut le malheur, pour ne rien dire de plus, de convenir qu'il avait fait mourir de sa propre main le dernier empereur de Russie, Pierre III, dans sa prison. Ce prince, dans un moment où il croyait n'avoir que des amis auprès de sa personne, s'abandonna à sa passion pour le vin et à la débauche, en quoi il fut bien secondé par les traîtres qui paraissaient se livrer avec lui à cette orgie. Privé de sa raison et de ses facultés, il s'endormit. Orloff, trouvant belle l'occasion de faire sa fortune par un parricide aussi lâche qu'aisé, en profita. Il se jette sur son maître et son ami qu'il étrangle avec une serviette. La czarine, débarrassée d'un mari qui, le premier, avait voulu se défaire

Le Danois[1], par innovation,
Veut réformer jusqu'au bouillon
Qu'on apporte à la bonne mère.

Les Suisses ont grossi le train
Du prince, qui, dans le chemin,
A payé leur dépense entière.

Ayant grand'peur des revenants,
Le Sarde[2], agité de tourments,
Croit à la crèche voir son père.

---

d'elle, servie de bonheur et de vitesse, ne dut pas même faire de recherches sur la prétendue maladie et le genre de mort de l'empereur. Il fallait qu'elle s'en rapportât, même sans examen, à tout ce qu'on lui disait à cet égard, sans quoi cette tragédie eût été suivie d'une révolution générale dans l'empire et d'une boucherie universelle dans Pétersbourg. La conduite de l'impératrice peut être justifiée aisément et fort simplement par la loi du talion et par le droit de récrimination ; mais rien ne peut rendre moins odieuse la conduite d'Orloff. Il est même surprenant qu'il n'en ait pas reçu, comme l'assassin du prince Ivan, la juste récompense ; et plus surprenant encore que son indiscrète ivrognerie ne lui ait pas été aussi funeste qu'à son malheureux maître. (M.)

1. Les gazettes, depuis deux ans, en parlant chaque jour des continuels changements dans le gouvernement du Danemark, expliquent assez le sens de ce couplet. (M.)

2. Placé sur le trône par l'abdication de Victor-Amédée, le roi de Sardaigne lui refusa non seulement la couronne qu'il redemandait par des motifs de conscience, mais encore et précisément à ce sujet, il le priva de la liberté jusqu'à sa mort. Débarrassé, par le système actuel et politique de l'Europe, des agitations inutiles de l'ambition et de celles, plus inutiles encore, que lui donnaient son amour et ses ta-

Clément quatorze est sur les bras
De ses bons amis les castrats[1]
Qui le portent avec sa chaire.

Admirant son humanité,
Les reines, d'un air enchanté,
Embrassent toutes le Saint-Père.

Jésus tremble, il lui faut du feu ;
Thérèse[2] le réchauffe un peu,
Et veut être sa ménagère.

Le Prussien[3], assez librement
Voulant faire son compliment,
Pousse et fait choir la chambrière.

L'enfant lui dit bien doucement :
Mon frère, il me paraît vraiment
Que le sexe ne vous plaît guère.

lents pour la guerre, rendu ainsi à lui-même, ce prince est, à ce qu'on assure, tellement tourmenté par le souvenir de sa conduite avec son père, que réellement il croit sans cesse le voir prêt à l'accabler de reproches et de malédictions. (M.)

1. Par une belle ordonnance, qui eût été très plaisante sous le pontificat de la papesse Jeanne, Clément XIV a interdit pour jamais, dans ses États, la barbarie de priver les hommes de la virilité, pour flatter, par des sons incomplets et plats, le mauvais goût et les oreilles épuisées de quelque vieux luxurieux. (M.)

2. Thérèse d'Autriche, impératrice d'Allemagne. (M.)

3. Ce vers et le suivant font allusion au goût ultramontain dont on a taxé faussement le roi de Prusse d'être

Je ne suis point de ces messieurs,
Répond-il ; contre elle, d'ailleurs,
J'ai droit assez d'être en colère.

Car, sans doute, il me tient au cœur
De voir, même ici, son ardeur
A me tailler quelque croupière.

Au reste, apaisez-vous, Seigneur,
Et pour elle n'ayez frayeur ;
Elle n'a tombé qu'en arrière.

Aux femmes il faut d'autres coups
Pour les faire crier aux loups ;
La plus sage est dure au derrière.

Et puis, pour vous chauffer les doigts,
A mon neveu le Suédois [1]
Je ferai quitter la tanière.

Il présente à l'enfant bénin
George trois [2], monsieur son cousin,
Qui fournit au feu la matière.

---

entiché. Personne plus que ce prince ne porta des hommages plus vifs au beau sexe. Sa passion à cet égard, ses excès même, et un accident peu connu dont les suites devinrent funestes, le rendirent absolument *inhabile,* dès avant qu'il montât sur le trône, car à cette époque il se nomma un héritier, assuré qu'il était de ne pouvoir en procréer. (M.)

1. Le roi de Suède. (M.)

2. Grâce aux soins politiques et moraux de milord Buth,

A la silhouette, traits pour traits[1],
L'Anglais dessine les portraits
De la sainte famille entière.

Le Prétendant, d'un ton fort doux,
Dit à Jésus : Méfiez-vous
De ces joueurs de gibecière.

L'enfant répond : Va, ne crains pas ;
Ces deux Germains[2] en mes États
Ne feront jamais de poussière.

Brandebourg, entendant cela,
Lui dit : Mon beau Jésus, oui da !
Et vous le prend par la lisière.

Il se rend maître de l'enfant,
Il le mène tambour battant
Et le traite à la militaire.

---

son gouverneur, le roi d'Angleterre dessine bien et même très supérieurement à ce qu'on peut attendre, non pas seulement d'un souverain, mais même d'un particulier qui n'en fait pas son état. Son goût et ses talents à cet égard qu'il exerce chaque jour fort régulièrement, lui ont inspiré l'idée de faire ériger à Londres une académie de dessin et une autre à Rome, à l'instar de celle de France. (M.)

1. Chacun sait assez ce que c'est qu'un portrait à la silhouette. A ce sujet, on a cru qu'il pouvait être plaisant de faire suivre à un roi d'Angleterre une mode qui a pris naissance à la cour de France et qui a eu son règne avec la même fureur qu'autrefois les bilboquets et les pantins. (M.)

2. Ce n'est pas de cousin germain mais d'Allemand dont il est ici question. (M.)

Voyant que ce n'est point un jeu,
Tous les princes font flamme et feu,
Et le citent au ban-arrière[1].

Mais Frédéric, ce fier mutin[2],
Avec Jésus va son chemin,
Et leur répond à sa manière :
    Lère, la, lère, lon lère,
    Lère, la, lère, lon la.

ÉPIGRAMMES DIVERSES

SUR LE ROI

Le bien-aimé de l'almanach
N'est pas le bien-aimé de France ;
Il fait tout *ab hoc* et *ab hac*,
Le bien-aimé de l'almanach.
Il met tout dans le même sac,

---

1. Ban-arrière pour arrière-ban. Le roi de Prusse, sans s'en inquiéter davantage ni qu'il en soit rien résulté, fut cité et mis à celui de l'Empire pendant tout le cours de la dernière guerre. (M.)

2. Le même prince ne prononce et ne signe jamais Frédéric, mais Fédéric seulement, qu'il trouve moins dur à l'oreille ; cela est plus bref aussi et c'est quelque chose pour ceux qui calculent tout. (M.)

Et la justice et la finance :
Le bien-aimé de l'almanach
N'est pas le bien-aimé de France.

SUR LE DUC DE CHOISEUL

Ta grandeur est à toi, nul ne peut la ravir.
Le jour de ton exil, le plus beau de ta vie,
Met le comble à ta gloire, et c'est pour nous punir
Que l'aveugle destin fait triompher l'envie.
Entre Mars et Minerve, on placera Choiseul ;
Et Clio, de nos cœurs interprète chérie,
Prenant tout à la fois le burin et le deuil,
Gravera sur l'airain les pleurs de la patrie.

SUR LE CHANCELIER MAUPEOU

Ce noir vizir, despote en France,
Qui, pour régner, met tout en feu,
Méritait un cordon, je pense,
Mais ce n'est pas le cordon bleu[1].

---

1. « Ne pouvant se venger autrement de M. le chancelier, on assure qu'un membre du Parlement a fait contre le chef de la magistrature l'épigramme suivante, qui fait

SUR L'AVOCAT GÉNÉRAL SÉGUIER

Encelade nouveau, tu joins à ses cent mains
Le ventre de Silène et le front de Thersite.
    Le vin, l'argent, Brochot[1] et les p......
Dictent les plaidoyers que ta voix nous débite.
Que fais-tu, vil Séguier, au temple de Thémis?
Gendre de Turcaret[2], que n'es-tu son commis?
Vil délateur d'Ulysse et de l'Aréopage,
Va broyer la ciguë, empoisonner le sage;
A Montblin[3] exilé va porter le cordeau.
De Maupeou sois victime, ou deviens son bourreau.

SUR LE NOUVEAU PARLEMENT

Enfin Maupeou me donne un Parlement tout fait,
Disait à certain duc un monarque imbécile. —

allusion à ce qui vient de se passer et à l'honneur du cordon bleu qu'a obtenu depuis peu le chef de la magistrature. » (*Mém. de Bachaumont.*)

1. Procureur général des requêtes de l'Hôtel, homme de beaucoup d'esprit et compagnon de débauche de M. Séguier. (M.)

2. Il a épousé la fille de M. Vassal, homme de finance. (M.)

3. De Montbelin, jeune conseiller des enquêtes, qui s'est singulièrement distingué dans l'affaire présente, et qui est exilé à l'Ile-Dieu, où il manque du nécessaire. (M.)

Rien ne lui sera plus facile,
Répondit le plaisant, car son père en vendait.

Pourquoi te donner la torture,
Maupeou, pour raccoler les magistrats nouveaux ?
Manquerais-tu, par aventure,
De gens perdus d'honneur, fripons ou m.........?
A tes odieux mercenaires
Joins Palissot, et La Harpe et Linguet,
Tous trois marqués pour le gibet.
Alors, en attendant de meilleures affaires,
Messieurs les premiers commettants
Pourront passer utilement leur temps
A faire rompre leurs confrères.

De ces deux Parlements l'extrême différence
Doit pour les rapprocher former des embarras :
Thémis les a pesés dans sa juste balance ;
L'ancien était trop haut et le nouveau trop bas.

Lorsque je vois cette vermine
Que l'on érige en Parlement,
Je les pendrais tous sur la mine,
Disait le bourreau gravement.

Mais sur le vu d'une sentence
De ce tripot irrégulier,
Je ne pourrais, en conscience,
Pendre même le chancelier.

La cour royale est accouchée
De six petits parlementaux,
Tous composés de m.........
Le diable emporte la nichée !

Les sénateurs intrus dans le sacré manoir,
Après maints plaidoyers dans leur cause première,
Sur le plus mince objet ont si peu de lumière
Qu'ils n'ont pu décider si Leblanc était noir[1].

SUR LA COUR DES AIDES[2]

Nos époux, ô Louis, sont en captivité,
Nous gémissons loin d'eux dans la viduité.

---

1. A propos de la cause d'un sieur Leblanc, remise après plusieurs audiences pour s'en mieux instruire.(M.)
2. A l'occasion du bruit qui avait couru de l'exil de la cour des Aides, au mois de mars, on avait fait ce placet facétieux, au nom des femmes des conseillers du Parlement.

Jusqu'à ce jour pourtant une erreur secourable
A nos cœurs désolés apportait quelque espoir :
Mais enfin, de Maupeou la vengeance implacable
Nous condamne, dit-on, à ne les jamais voir.
A leur comble montés nos maux sont sans remèdes;
Laissez-nous pour soutien au moins la cour des Aides.

SUR LE GRAND CONSEIL

Qu'a jamais des tyrans l'engeance soit proscrite !
De quatre en voilà trois dont on est soulagé.
Le jésuite nous a délivrés du clergé ;
Le Parlement nous a délivrés du jésuite ;
Le Conseil nous délivre enfin du Parlement.
  O mon Dieu ! délivrez-nous vite
De ce Conseil des rois devenu leur tyran !

SUR VOLTAIRE

La larme à l'œil, la nièce d'Arouet
Se complaignait au surveillant Malesherbe
Que l'écrivain neveu du grand Malherbe[1]

---

1. Fréron avait fait dans ses feuilles un portrait satirique de Voltaire, sans le nommer. Celui-ci aima mieux s'y reconnaître que de dissimuler son ressentiment. Il fit faire des plaintes à M. de Malesherbes par sa nièce, qui était alors à Paris. C'est ce qui occasionna cette épigramme. (M.)

Sur notre épique osât lever le fouet.
Souffrirez-vous, disait-elle à l'édile,
Que chaque mois ce critique enragé
Sur mon pauvre oncle à tout propos distille
Le fiel piquant dont son cœur est gorgé? —
Mais, dit le chef de notre librairie,
Notre Aristarque a peint de fantaisie
Ce monstre en l'air, que vous réalisez. —
Ce monstre en l'air! votre erreur est extrême,
Reprend la nièce : eh! monseigneur, lisez,
Ce monstre-là, c'est mon oncle lui-même.

SUR LA HARPE[1]

Dans l'absence de mon valet,
Un colporteur, borgne et bancroche,
Entre jusqu'en mon cabinet
Avec force ennui dans sa poche.
Les douze Césars pour six francs,
Me dit-il : exquis, je vous jure;
L'auteur, qui connaît ses talents,
L'a dit lui-même en son *Mercure*.
C'est *Suétone* tout craché,
Et traduit... traduit, Dieu sait comme !

---

1. A propos de la traduction de Suétone que La Harpe venait de publier. Les trois premières épigrammes sont de Piron.

Ce sont tous les monstres de Rome
Qu'on se procure à bon marché.
De ce recueil pesez chaque homme :
Des empereurs se vendent bien;
Caligula seul vaut la somme,
Et vous aurez Néron pour rien. —
Que cent fois Belzébuth t'emporte,
Lui dis-je, bouillant de fureur,
Fuis avec ton auguste escorte...
Et puis de mettre avec humeur,
Ainsi que leur introducteur,
Les douze Césars à la porte.

~~~~~~

Le voilà donc ce petit virtuose,
Toujours s'aimant sans avoir de rivaux !
Écrivaillant, soit en vers, soit en prose,
Et sous Lacombe [1] alignant ses journaux !
Comme aux sifflets chaque jour il s'expose
Pour deux écus, aux badauds de Paris
Il vend en vain des Césars travestis,
C'est pour tomber qu'il joute avec La Pause [2].
Ce grand auteur, si j'en crois ses écrits,
De ses héros fait mal l'apothéose :
Timoléon [3] meurt le jour qu'il est né;

---

1. Libraire chargé de plusieurs journaux. (M.)
2. Autre traducteur du même ouvrage. (M.)
3. Tragédie de M. de La Harpe. (M.)

Pour *Mélanie*[1] on bâille à bouche close
En admirant ce drame infortuné ;
Et *Suétone,* à périr condamné,
Va dans la tombe où *Gustave*[2] repose.

Monsieur La Harpe habille en jaune[3]
Les plats Césars qu'il publie aujourd'hui :
Savez-vous bien pourquoi ? C'est que son *Suétone*
Est bilieux et méchant comme lui.

J'ai sous un même nom trois attributs divers :
Je suis un instrument, un poète, une rue ;
Rue étroite, je suis des pédants parcourue ;
Instrument, par mes sons je charme l'univers ;
 Rimeur, je l'endors par mes vers.

 1. Drame du même auteur. (M.)
 2. Autre tragédie du même. (M.)
 3. Cette traduction était brochée sur papier jaune. (M.)

ANNÉE 1772

CELA REVIENDRA[1]

Chantons dans un vaudeville
Le retour des vertus qu'on aura;
L'honneur gothique à la cour, à la ville,
Le sentiment, qu'on trouve de vieux style,
    Cela reviendra.

Français, ne perdez pas l'espérance,
Tout va bien, tout encor mieux ira;
La liberté, le crédit, l'abondance,
La candeur, les jésuites, l'innocence,
    Cela reviendra.

---

1. On a toujours dit que les Français se consolaient de tout par une chanson. On commençait à craindre que la nation n'eût perdu son caractère; mais un plaisant nous prouve que cette terreur est vaine, et que l'on sait encore rire à Paris.

Voici un vaudeville qui court, et contre l'auteur duquel on dit que le ministère fait des recherches sévères. (*Mém. de Bachaumont.*)

Tout revient, la pudeur, le courage,
La gaîté, les mœurs, et cætera :
Je sais même une demoiselle sage,
Qui disait, en perdant son pucelage :
Cela reviendra.

LE FERMIER ET LES CHIENS[1]

Un gros fermier qu'on appelait Martin,
Riche en troupeaux, de commerce facile,
Près de Paris avait son domicile.
Plus que de droit le sexe féminin
Le gouvernait et quelquefois le vin ;
A cela près, c'était un honnête homme,
Tel qu'à Paris, à Vienne ou dedans Rome
On n'en eût pu rencontrer de meilleur.
Douze grands chiens, des méchants la terreur,
De la maison gardaient les avenues :
Pour s'y glisser il n'était point d'issues
Dont les détours ne leur fussent connus ;
A chaque instant ils y faisaient la ronde,
Un guet bien sûr et des cris assidus.
Cela déplut, non au propriétaire,

1. Fable politique relative à la suppression des Parlements par le chancelier Maupeou.

Mais aux valets, mais à la basse-cour :
Tous ces gens-là n'aiment pas le grand jour
Ni l'œil du chef, ni rien qui les éclaire.
Le premier plan fut de forcer les chiens
A tout souffrir, à tout voir sans rien dire ;
Pour cet effet ils prirent les moyens
Que l'industrie en pareil cas inspire :
On les flatta d'abord pour réussir ;
Mais, ne tirant de là nul avantage,
On crut devoir au bâton recourir,
Et tous les jours on en faisait usage.
Un vieux valet, d'une inflexible humeur,
Les assommait dès que sa fantaisie
Ne contenait à son gré leur furie ;
Il redoublait, quand, mordant le voleur
Qu'il honorait de toute sa faveur,
Ils caressaient l'honnête homme et le sage
Qui du fermier conservait l'héritage.
Comme l'on vit qu'on ne pouvait gagner
Des surveillants d'un pareil caractère,
Auprès du maître, afin de s'en défaire,
On résolut de les calomnier.
Ce n'était pas une besogne aisée :
Dans la maison était un intendant
D'une vertu rigide et consommée.[1]
Qui parlait d'eux avantageusement :
Non, disait-il, on ne peut pas connaître
De meilleurs chiens. Heureux cent fois le maître

---

[1]. L'auteur veut parler ici du duc de Choiseul.

Qui réunit pour garder la maison
Des surveillants d'une étoffe pareille ;
Ils sont braillards, mais toujours la raison
Conduit leurs dents et dirige leur veille ;
L'homme intrigant, le larron, l'assassin
Tentent en vain d'échapper à leur vue :
Si vous vivez, respectable Martin,
C'est à leurs cris que la gloire en est due. —
On peut juger qu'avec un protecteur
Si généreux, et si bon connaisseur,
On n'avait pas à craindre pour la vie
De ces bons chiens. Aussi, pour l'écarter,
On fit un jour ce que la calomnie
A de plus noir, ce que peut inventer
L'âme aux forfaits la plus déterminée.
Ce n'est pas tout : une prostituée,
Dont le fermier adorait les appas,
Qui l'endormait tous les soirs dans ses bras,
Pour l'écraser se mit de la partie[1].
Pendant un temps le fermier chancela,
Mais la manœuvre était trop bien ourdie :
De la maison un soir on le chassa
Avec éclat, avec ignominie.
Certain maraud, esprit vil et rampant[2],

---

1. Allusion à Mme du Barry.
2. Allusion au duc d'Aiguillon, nommé ministre des affaires étrangères le 6 juin 1771. « C'était une excellente acquisition pour le parti antiparlementaire, et il n'y avait aucun retour à craindre d'un ennemi aussi implacable. » (*Vie privée de Louis XV.*)

Un orgueilleux sans honneur, sans naissance,
Laid de figure et que les chiens souvent
Avaient jadis houspillé d'importance,
Fut indiqué par le sot comité
Et sur-le-champ par Martin accepté
Pour occuper auprès de lui la place
Que le premier avait dans la maison.
Ne faut jamais augurer rien de bon,
D'avantageux, quand un fripon remplace
Une âme honnête : on va dans un instant
En présenter un exemple frappant.
Notre coquin met d'abord en usage,
Pour s'affermir plus efficacement,
L'art dangereux du faux patelinage
Qu'il possédait supérieurement ;
Puis, quand il eut gagné la confiance
Et qu'il se vit dans son poste assuré,
Dans un clin d'œil tout fut dénaturé ;
Il immola les chiens à sa vengeance :
Il en plaça d'autres, que dès l'enfance
Le scélérat lui-même avait formés.
Ces nouveaux chiens, toujours accoutumés
A ne flatter que gens de son espèce,
Près du fripon dépouillaient leur rudesse :
Pour le seul sage ils réservaient leurs dents.
Ainsi dans peu tous les honnêtes gens
Furent bannis : chose presque incroyable
Et vraie encor, quoique peu vraisemblable,
Hormis un seul, on chassa les parents.
Depuis ce temps, cette maison remplie

Jusques alors de sujets vertueux,
Ne reçut plus que de vils malheureux
Et qu'une horde aux crimes enhardie.
Mal en advint au bonhomme Martin ;
On fit entrer un soir un assassin,
Qui, ne trouvant ni chien ni sentinelle,
Le poignarda dans les bras de sa belle.

Ceux qui voudront le prendre pour modèle
Auront un jour un sort pareil au sien.
Ne fréquentons que des hommes de bien ;
Avec le fourbe aussitôt qu'on se lie
On compromet son honneur et sa vie.

LA CLIQUE

DE

MADAME DU BARRY [1]

Eut-on pensé qu'une clique,
Se moquant de la critique,
Sût d'une fille publique

---

1. On passe ici en revue les partisans de Mme du Barry. Il est fâcheux que cette satire, aussi plate que méchante, ne se ressente en rien des vaudevilles piquants de la vieille cour. (M.)

Faire un nouveau potentat ?
Eût-on cru que, sans vergogne,
Louis à cette carogne
Abandonnant la besogne,
Laisserait perdre l'État ?

Par elle on devient ministre :
C'est sur son ordre sinistre
Que d'Aiguillon tient registre
Des élus et des proscrits.
Le public indigné crie,
Mais du Roi l'âme avilie,
Sûre de son infamie,
Est insensible au mépris.

Tous nos laquais l'avaient eue
Lorsque, trottant dans la rue,
Vingt sous offerts à sa vue
La déterminaient d'abord :
Quoi que Louis ait su faire,
La cour, à ses vœux contraire,
Moins lâche qu'à l'ordinaire,
Pour la fuir est bien d'accord.

J'en excepte les espèces
Qui pensent que leurs bassesses
Leur vaudront quelques caresses
Des commis et des valets.
Objet de notre risée,
Que cette troupe effrontée

Pour le moins soit régalée
Ici de quelques couplets.

Commençons par le plus digne,
Le public nous le désigne :
Bissy, cet honneur insigne
Ne peut regarder que toi ;
Ton esprit faux et maussade,
Toujours triste, toujours fade,
T'eût valu quelque ambassade,
S'il ennuyait moins le Roi.

Vil athlète de la brigue,
Vil sectateur de l'intrigue,
De la cour que tu fatigues
Retire-toi donc enfin !
Ne vois-tu pas qu'on te moque,
Et que ton aspect baroque
N'offre plus rien qui ne choque ;
Richelieu, fais une fin.

Peu délicat sur l'honnête,
Plat courtisan, flatteur bête,
Sans caractère et sans tête,
D'Aumont, voilà ton portrait :
De ta petite existence
Content jusqu'à l'insolence,
Tu crois que sans indulgence
On doit te trouver parfait.

Qu'as-tu fait de ta prudence,
Condé, dans cette occurrence?
De ton nom, cher à la France,
Tu viens de ternir l'éclat ;
Abandonne la partie,
Efface l'ignominie,
Viens défendre la patrie,
Rends un héros à l'État.

Maillebois sut être infâme,
Et dans le fond de son âme
Avait ourdi mainte trame
Pour perdre son ennemi :
Du même crime coupable,
Voir que de Broglie l'accable
Et le déclare incapable,
Cela paraît inouï.

Des Cars, Laval et tant d'autres,
Qui vous croyez des apôtres,
A d'autres yeux que les vôtres
Vous ne semblez que des fous ;
Allez, que rien ne vous gêne ;
N'appréhendez point la haine :
Vous ne valez pas la peine
Que l'on s'occupe de vous.

Pourvu que Choiseul détale,
La jésuitique cabale
Dit que le Roi sans scandale

Peut vivre avec du Barry;
Que le ciel choisit l'impure
Pour montrer à la nature
Qu'il n'est vile créature
Dont il ne tire parti.

Croit-on qu'épargnant les femmes,
Je laisse ces bonnes dames
S'applaudissant dans leurs âmes
D'imaginer qu'on les craint :
Tant qu'elles furent jolies,
On toléra leurs folies;
Depuis, elles sont momies
Et personne ne les plaint.

Des restes de la v....,
Valentinois resta folle [1],
Et cette insipide idole
A du Barry se donna.
Près d'une jeune princesse,
Pour élever sa jeunesse,
Le Roi mit cette comtesse...
Le beau choix qu'il a fait là !

La maîtresse de Soubise [2],
Comme une femme de mise,

---

1. La duchesse de Valentinois. Mme du Deffand disait d'elle, à la fin de l'année 1769 : « La dame Valentinois est comme hors de combat; on dit qu'elle redevient folle. »
2. Mme la comtesse de l'Hôpital, maîtresse du prince de Soubise. (M.)

Dans les cabinets admise,
Croit faire des envieux.
Aujourd'hui, même en province,
On trouve cet honneur mince,
Du Barry fait voir au prince
Les borgnes et les boiteux.

Talmont[1] croit jouer un rôle,
Et, si quelqu'un la contrôle,
D'avance elle se console
Par l'espoir d'un grand crédit.
Le Roi s'en rit sans scrupule,
La pauvre vieille crédule
Ne voit pas qu'au ridicule
Se bornera son profit.

Mirepoix[2], plus avisée,
Laissant aux sots la fumée
Et du solide occupée,
Se fait donner de l'argent.
Depuis longtemps la commode
De la maîtresse à la mode,
Elle vend de sa pagode
Les bontés bien chèrement.

1. La princesse de Talmont.
2. La maréchale de Mirepoix avait été l'une des premières femmes de distinction qui, par intérêt, avaient consenti à paraître en public à Versailles avec Mme du Barry. « Elle joue un rôle indigne, écrivait Mme du Deffand à Walpole; elle cherche à faire des recrues pour diminuer sa honte, mais jusqu'à présent sans grand succès. »

LES

LIQUIDATIONS DU PARLEMENT[1]

Venez, messieurs du Parlement,
Liquider chacun votre office;
L'État veut vous rendre service,
Tout est prêt pour le payement.
Reconnaissez légalement,
Par quittance devant notaire,
Avoir reçu la somme entière,
La finance et le supplément.
Mais, où l'argent, le numéraire?
Vous écriez-vous vivement.
Pour gens consommés en affaire,
Vous raisonnez bien gauchement.

---

1. « Il y avait longtemps qu'on n'avait ri sur le compte de l'abbé Terray. On le fit à l'occasion du remboursement des offices supprimés. Rien de plus singulier que la manière dont l'opération se consommait au trésor royal. Après avoir liquidé votre office, on vous faisait donner une quittance comme si vous aviez reçu le prix en espèces sonnantes, puis on vous retirait cette quittance sans vous en donner un sol, et l'on vous fournissait un contrat sur le Roi, comme si de votre plein gré vous aviez prêté à Sa Majesté le montant de ladite somme. C'est pour plaisanter sur cette comédie qu'on répandit cette épigramme politique, peu digne d'être recueillie comme pièce littéraire, mais précieuse et importante comme pièce historique. » (*Mémoires sur l'abbé Terray.*)

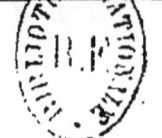

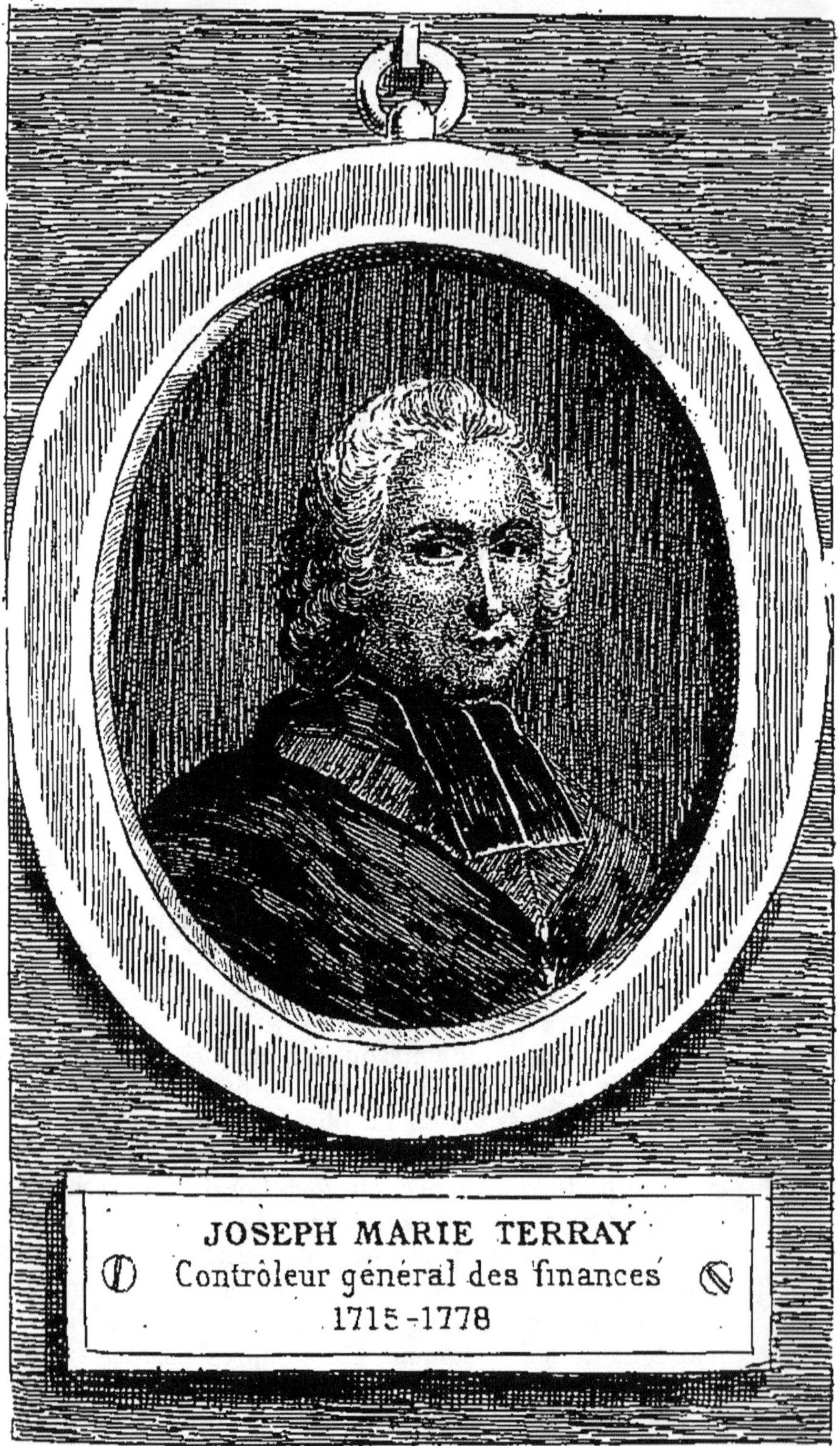
JOSEPH MARIE TERRAY
Contrôleur général des finances
1715-1778

Rousselle.sc. A.Quantin.Imp.Edit.

L'argent est un métal solide,
Il s'agit ici de liquide :
Eh ! pourquoi vous tant intriguer ?
On veut à tous vous déléguer
Une rente liquide et claire
Sur les brouillards de la rivière.

LA
DISGRACE DU CHANCELIER [1]

PAR ma foi, René de Maupeou,
Vous devriez bien être soûl,
    Lon lan la dérirette,
De tous les pamphlets d'aujourd'hui ;
    Lon lan la dériri.

Votre crédit baisse, dit-on,
Chacun vous tire au court bâton ;
N'en êtes-vous pas étourdi ?

L'abbé Terray, le d'Aiguillon
Méditent quelque trahison ;
Le petit saint [1] s'en mêle aussi ;

1. Saint-Florentin, aujourd'hui duc de la Vrillière. (M.)

Mais votre plus affreux malheur
C'est de n'être plus en faveur
Avec madame du Barry.

Jusqu'à ce monsieur de Beaumont [1]
Qui vous a fait certain affront,
Sans vous en avoir averti.

Ce qui redouble encor vos maux,
Le maître vous tourne le dos,
Et bien plus, la future en rit.

Voulez-vous que je parle net?
Il faut faire votre paquet;
Monseigneur, décampez d'ici,

Car à la Grève un beau *Salve*
Pour vous bientôt est réservé,
   Lon lan la dérirette,
Et par-dessus *De profundis*,
   Lon lan la dériri [2].

1. On prétend que l'archevêque s'était opposé à la publication des monitoires. (M.)

2. « *Du jeudi 23 avril.* — Ce jour, au milieu des bruits qui se renouvellent encore de la disgrâce prochaine et tant désirée de M. le chancelier, on débitait que M. le prince de Bauveau, l'un des quatre capitaines des gardes du corps, de quartier près la personne du Roi, et du nombre des seigneurs de la cour les plus opposés aux opérations actuelles dont il avait été lui-même la victime, avait eu sur l'affaire des Parlements une conversation assez longue avec Sa Majesté, qui lui en avait elle-même fourni l'occa-

LE SIÈCLE PRÉSENT

J'ai souvent remarqué qu'à force de mystère
On était importun; j'ai dit : il faut me taire :
Tout ce que j'ai pensé je l'ai mis par écrit;
Mais sans réflexion et souvent sans esprit.
Nous vivons autrement que ne vivaient nos pères;
Nous jouons fort gros jeu, mais nous ne mangeons guères.
Eux faisaient grande chère et jouaient petit jeu;
Ils ne s'amusaient pas, mais ils s'ennuyaient peu.
Nous avons plus de peine à supporter la vie,
Et ce qui les charmait à présent nous ennuie.
Il me semble, en un mot, qu'au siècle où nous vivons,
Les plaisirs sont plus courts et les ennuis plus longs;
Les corps plus délicats, les âmes plus fragiles;
Les hommes plus cruels, les femmes plus faciles;
Les petits sont plus bas, mais les grands sont moins hauts;
Les hivers sont plus froids et les étés moins chauds;
Les courtisans plus plats, les rois plus imbéciles;
Les chanceliers plus faux, les maîtresses plus viles :
Ainsi je me plaisais à parcourir les rangs.
J'ai trouvé peu d'amis, encor moins de parents;
Des maîtres toujours durs, des valets indociles,

sion... On racontait encore que le docteur Lorri, médecin célèbre de la Faculté de Paris, répandu dans les meilleures maisons, avait dit en très bonne compagnie que sous quinze jours le chancelier serait déplacé. » (*Journal de Hardy.*)

Des Parlements détruits et des lois inutiles.
Tout va de mal en pis, et, par un sort fatal,
Ceux qui parlent le mieux agissent le plus mal.
Les fripons font les lois et les sots obéissent;
Les amants n'aiment point, les maîtresses trahissent;
L'estomac est trop faible et l'appétit trop fort,
Personne n'a raison et la nature a tort.
A force de souplesse on parvient à la gloire.
Un savant a trouvé, si j'ai bonne mémoire,
Plus de mal dans le mal que de bien dans le bien.
La douleur est réelle et la santé n'est rien.
A nos vœux les plus doux le destin est contraire,
Et l'on déplaît souvent parce qu'on voudrait plaire.
Les plus petits succès demandent quelque soin;
Les désirs sont trop près et les objets trop loin;
Les sentiments sont froids, les paroles de même;
On ignore qu'on hait, on ne sait pas qu'on aime.
L'homme le plus heureux se plaint encor du sort;
On ne vit pas longtemps et l'on est longtemps mort.

NOËLS POUR L'ANNÉE 1772[1]

Que chacun se dépêche,
Avant le jour des Rois,

1. « On fait assez volontiers, à la fin de l'année, des noëls sur la cour, qui roulent sur les anecdotes galantes ou poli-

De se rendre à la crèche
Comme on fit autrefois.
Profitons du moment de l'absence des princes.
Ceux qui restent ne feront pas
Dans l'étable un trop grand fracas,
Leurs ressources sont minces.

Condé, Bourbon[1], La Marche,
Avancez les premiers,
Car en fait de démarches
Il faut que vous brilliez ;
Jésus sera flatté de voir votre cohorte ;
Monteynard[2] vous introduira ;
Monsieur Cromot[3] vous y suivra
Au moins jusqu'à la porte.

Condé, voyant l'étable,
Dit que le bâtiment
Est d'un goût détestable ;

tiques. Un plaisant vient d'en mettre au jour de cette espèce qui, s'ils ne sont pas bien piquants par leur tournure, serviront de pièces historiques pour constater quelques faits auxquels ils ont rapport. » (*Mémoires de Bachaumont.*)

1. Au mois de décembre, les princes de Condé et de Bourbon, qui avaient protesté contre la suppression du Parlement et vivaient en quelque sorte exilés de la cour, écrivirent une lettre de soumission au Roi. Leur exemple ne tarda pas à être suivi par les ducs d'Orléans et de Chartres.

2. Ministre de la guerre. (M.)

3. Premier commis des finances. (M). — « A peine l'abbé Terray fut-il installé, qu'il rappela le sieur Cromot, ce pre-

Il propose à l'enfant
De venir voir du sien les fastes, l'opulence ;
Il doit presque tout, il est vrai,
Mais c'est grâce à l'abbé Terray
Qui règle sa finance.

Mon cousin, dit La Marche,
Cet abbé s'en rira ;
Je combine une marche
Qui nous enrichira.
Quand de surintendant j'exercerai la place,
L'ami Cromot nous fournira
Autant d'argent qu'il nous plaira,
Car rien ne l'embarrasse.

Le chancelier s'avance
Avec son Parlement ;
D'un petit air d'aisance
Il veut baiser l'enfant ;
Joseph lui dit : Monsieur, vous êtes fort aimable,
Souple, caressant, intrigant,
Fin, faux, fourbe, traître, méchant ;
Mais sortez de l'étable.

Le Parlement de France
Voulait, ce nonobstant,

mier commis des finances remercié par M. d'Invau et devenu l'objet de l'indignation générale, par son luxe insolent et les déprédations effroyables dont on l'accusait. »
(*Mémoires sur l'abbé Terray.*)

Faire sa révérence
Et même un compliment.
Maupeou, lui dit : Amis, venez-vous mettre à table,
Il faut rire de tout ceci;
Le Brun [1] viendra tantôt ici
Rendre Joseph traitable.

Dans ce réduit rustique
Où Jésus était né,
D'un air sombre et cynique
Parut le grand abbé;
L'abbé, le contrôleur de toutes nos finances,
Dit : Je n'ai rien à prendre là;
Sortons, peut-être qu'il faudra
Donner quelque ordonnance.

Joseph lui dit : Grand prêtre,
Soyez le bienvenu,
Vous voyez notre maître,
Il est presque tout nu.
Que me demandez-vous, répondit le Lévite,
J'ai besoin de tout mon argent;
Il m'en faut pour le comte Jean [2]
Et pour toute sa suite.

J'ai pour me mettre au large
Mon centième denier,

1. Confident et secrétaire du chancelier, dont il a été le précepteur. (M.)
2. Beau-frère de la comtesse du Barry. (M.)

>   Et j'aurai de la marge
>   Si l'on veut le payer;
> Mais comme, en attendant, il vous faut de quoi vivre
>   Entre d'Amerval et Normand[1],
>   Vous jouirez incessamment
>   D'un nouveau sol pour livre.
>
>   Je vois un autre cuistre,
>   Oh! c'est monsieur Bourgeois[2]!
>   Mais qu'a donc ce ministre?
>   Il paraît aux abois;
> Qu'il conserve toujours cet esprit qui l'anime,
>   Et, sans avoir vu de vaisseau,
>   Il saura bien mettre à vau-l'eau
>   Toute notre marine.

1. Le premier de ces financiers avait épousé la fille de la maîtresse de l'abbé Terray. Le second était le mari d'une certaine dame Morphise, autrefois maîtresse du Roi, et depuis celle de notre contrôleur. (M.)

2. M. Bourgeois de Boynes, ministre de la marine. (M.) — Il avait été nommé au ministère de la marine le 9 avril 1771. « C'était une récompense que M. de Maupeou lui faisait donner des services qu'il lui avait rendus dans son opération : c'était surtout un détracteur violent des Parlements, très propre à pérorer dans le Conseil et à renverser les raisonnements de quiconque oserait parler en leur faveur. « (*Vie privée de Louis XV.*)

ANNÉE 1773

LES PRINCES A LA COUR[1]

Pourquoi faire les méchants,
Princes très débonnaires,
Vous n'êtes que deux enfants
Dont on tient les lisières ;
Allons donc, Messeigneurs d'Orléans[2],
Redites vos affaires.

1. « On a fait de nouveaux noëls sur le retour des princes à la cour. Ils ne sont pas meilleurs que les premiers; mais ils paraissent avoir pour objet politique d'entretenir la division entre les deux branches, à l'occasion des deux manières dont la réconciliation s'est faite. Bien des gens présument qu'ils émanent de chez le chancelier, et que c'est un des petits moyens qu'il sait employer avec adresse pour parvenir à ses fins. » (*Mémoires de Bachaumont.*)

2. On lisait dans la *Gazette de France* du 30 décembre, à l'article *Versailles,* « que M. le duc d'Orléans et M. le duc de Chartres ayant écrit une lettre au Roi pour assurer Sa Majesté que leur intention a été et sera toujours de soumettre leurs démarches à ses volontés, elle leur

Vous irez au Parlement,
Soit dit sans vous déplaire.
Vous irez en opinant,
Comme vous devez faire,
En sujets soumis, obéissants,
N'en faites plus mystère.

Vous avez fort noblement
Combiné la démarche :
En refusant constamment
Le prince de La Marche[1],
D'Aiguillon a bien forcément
Ouvert une autre marche.

Pourquoi rougir à présent
D'avoir vu la comtesse ?
Un juste remerciement
Se fait avec noblesse ;
A votre air on croirait aisément
Que c'est une bassesse.

La Marche a le cœur loyal,
Condé sut le connaître ;
Et, servi par son égal,

avait accordé la permission de se présenter devant elle, et qu'ils avaient eu l'honneur de lui faire leur révérence, ainsi qu'à la famille royale ».

1. M. le duc d'Orléans et M. le duc de Chartres ont été menés à Versailles par M. d'Aiguillon, et n'ont pas voulu y aller avec le comte de La Marche qui y avait mené le prince de Condé. (M.)

Il va droit à son maître.
Ce moyen paraît en général
Le plus digne peut-être.

Mais au fond l'honneur n'est rien,
Il n'en faut tenir compte ;
Et que vous fait le moyen
Si vous bravez la honte ?
Allez, d'Aiguillon vous dira bien
Comment on la surmonte.

LA RÉDUCTION DES RENTES [1]

Monseigneur, vous dont le génie
S'étend sur la postérité,
Vous, par qui la France enrichie
Chantera sa prospérité,
Daignez écouter, je vous prie,

1. « Le marquis de Caraccioli voulut lutter avec M. de La Condamine et avec M. de Voltaire, qui avait commencé à qui badinerait le mieux l'abbé Terray. On ne l'eût pas cru bien propre à ce combat de gaieté. Il n'était encore connu que par une multitude d'ouvrages de morale et de politique tristes et ennuyeux. Il changea de ton cette fois ; il répandit sur la *réduction des rentes* une épître assez plaisante qui courut à Tours, où il était réfugié, et vint jusqu'à Paris. » (*Mémoires sur l'abbé Terray*.)

Le cri de la nécessité.
Toujours soumis aux lois du prince,
Mon cœur avec docilité
Reçoit un arrêt qu'en province
La renommée a débité :
C'est l'arrêt qui rogne nos rentes
Et qui supprime mon souper.
Mais que peuvent des lois urgentes
Sur la faim qu'on ne peut tromper?
Mon estomac déraisonnable
Ne veut nullement obéir,
Et me contraint d'aller à table
Quand la nuit commence à venir.
Que ferai-je en ces circonstances?
Ne point manger... votre dessein
N'est pas, pour grossir les finances,
Que les auteurs meurent de faim.
D'ailleurs, si l'Église elle-même
Ne veut qu'un jeûne limité,
Nous prescrirez-vous un carême
Qui dure à perpétuité?
Rendez-moi donc, je vous supplie,
Par votre générosité,
Ce qu'on retranche sur ma vie;
Ou, pour que la loi s'accomplisse,
Faites, par un trait inconnu,
Que l'estomac se rétrécisse
Conformément au revenu.

DROLESSE ET PRINCESSE [1]

Drôlesse !
Où prends-tu donc ta fierté ?
Princesse !
D'où te vient ta dignité ?
Si jamais ton teint se fane ou se pèle
Au train
De catin,
Le cri du public te rappelle,
Drôlesse !
Lorsque tu vivais de la messe
Du moine, ton père Guimard,

1. « On prétend qu'il s'est élevé une querelle entre la comtesse du Barry et le comte Jean (le beau-frère) ; qu'elle a été si vive que ce dernier, dans un de ces accès d'humeur violente dont on se repent toujours, a exhalé sa bile et a fait une chanson où il se permet de rappeler, de la façon la plus piquante, des choses qu'il aurait dû oublier. Peut-être aussi un plaisant a-t-il été bien aise de trouver cette occasion de décharger la sienne, en imputant au comte Jean une production licencieuse d'une plume très satirique. » (*Mémoires de Bachaumont.*) Le comte Jean, qui avait été l'amant de Mme du Barry avant de devenir son beau-frère, avait particulièrement contribué à l'élévation de la favorite. Il spéculait avec impudeur sur son crédit et disait cyniquement, lorsqu'il avait à se plaindre de quelque ministre : « que c'était lui qui avait eu l'honneur de donner une maîtresse au Roi, et qu'on prît garde de ne pas lui donner de l'humeur ».

Que le Ramson volait la graisse
Pour joindre à ton morceau de lard,
Tu n'étais pas si fière
Et n'en valais que mieux :
Baisse ta tête altière
Du moins devant mes yeux.
Écoute-moi, rentre en toi-même,
Pour éviter de plus grands maux :
Permets à qui t'aime
De t'offrir encor des sabots !
Drôlesse !
Mon esprit est-il baissé !
Princesse !
Te souvient-il du passé [1] ?

L'ACCOUCHEMENT

DE

LA DUCHESSE DE CHARTRES [2]

Aimable princesse,
La jeunesse, la vieillesse
A ton bonheur s'intéresse,

1. La querelle ne dura pas ; ces deux personnages avaient trop besoin l'un de l'autre pour ne pas se réconcilier. (M.)
2. « *Du mardi 5 octobre.* — Dans la nuit de ce jour,

Notre joie est une ivresse ;
Dans son allégresse,
De ta maison la tendresse
Pour un second fils adresse
Jusqu'aux cieux
Ses vœux.

La gaîté du père,
Les doux transports de la mère,
Font que le grand-père espère,
Au plus tard dans vingt mois,
Voir naître un frère
Du duc de Valois.

S'il en venait un troisième,
Un quatrième, un cinquième,

Mme la duchesse de Chartres (Louise-Marie-Adélaïde de Boürbon, fille du duc de Penthièvre, prince du sang) accouche très heureusement d'un prince auquel le Roi donne le nom de duc de Valois et non celui de duc de Montpensier, que M. le duc de Chartres avait porté dans son enfance, parce que la maison d'Orléans s'éloignait de plus en plus de la couronne, et que M. le duc de Chartres ne devait probablement pas espérer de succéder aux mêmes titres, honneurs et prérogatives de M. le duc d'Orléans, premier prince du sang, son père, attendu l'existence du comte de Provence et du comte d'Artois, frères de M. le Dauphin. La joie était des plus grandes dans toute cette maison, et l'on disait que lorsqu'on avait annoncé à M. le duc de Chartres qu'il lui était né un fils, il n'en avait voulu rien croire, qu'il n'eût par lui-même *vu et touché,* tant il désirait la réalité d'une nouvelle aussi intéressante. » (*Journal de Hardy.*) — Le prince dont on fêtait ainsi la naissance était le futur roi des Français, Louis-Philippe.

Reçu de même,
Te plaindrais-tu ?
Que Dieu te les donne ;
L'on ne trouvera personne
Qui s'étonne
Qu'il couronne
Ta vertu.

Aimable princesse,
La jeunesse, la vieillesse
A ton bonheur s'intéresse,
Notre joie est une ivresse ;
Dans son allégresse,
De ta maison la tendresse
Pour un second fils adresse
Jusqu'aux cieux
Ses vœux.

LE RETOUR DES JÉSUITES[1]

Or écoutez, petits et grands,
Le plus beau des événements ;
Il a pour moi de si grands charmes

---

1. Cette chanson est de l'abbé Morellet, qui explique ainsi dans ses *Mémoires* à quelle occasion elle fut composée :

Que j'en suis touché jusqu'aux larmes :
Des jésuites en ce jour
On annonce le retour.

Dieu, qui va toujours à ses fins,
Et qui sait tromper les plus fins,
Suscite madame Louise[1]
Pour faire ce bien à l'Église ;
C'est pour cela qu'auparavant
Elle s'était mise au couvent.

« En 1773, un parti dans le clergé s'était formé pour ménager le retour des jésuites. Les circonstances leur étaient favorables. On s'apercevait du grand vide qu'ils avaient laissé dans l'instruction publique. Le Parlement qui les avait fait bannir était dissous, et le Parlement Maupeou l'avait remplacé. L'archevêque de Paris, Beaumont, et plusieurs prélats encouragés par de hautes protections travaillaient imprudemment au triomphe de cette compagnie, plus puissante qu'eux. L'archevêque de Toulouse lui-même me disait quelquefois : « Eh bien ! vous autres phi-
« losophes, vous avez tant fait des pieds et des mains qu'on
« a chassé les Jésuites ; trouvez donc maintenant le moyen
« de suppléer à leurs collèges, à une éducation qui ne coû-
« tait rien à l'État. » Je défendais de mon mieux les philosophes et je combattais assez bien les apologistes des Jésuites ; mais comme il m'arrivait souvent d'exprimer ces sentiments dans nos sociétés, chez le baron d'Holbach et chez Helvétius, il me vint à l'idée de faire une chanson qui, en éventant le projet de rétablir les Jésuites, pourrait renverser ce projet malheureux. »

1. Il s'agit ici de la fille de Louis XV, Madame Louise, religieuse du Carmel, dont le nom n'est désigné que par l'initiale L dans les *Mémoires de Morellet*. Les deux derniers vers du couplet, ainsi que la rime, ne laissent aucun doute sur les intentions de l'auteur.

Ce bon monseigneur de Paris,
Qui les a toujours tant chéris,
Et d'intrigues et de prières
A servi les révérends pères;
Il ne pouvait faire sans eux
Ses beaux mandements sur les œufs.

Nous ne devons pas oublier
Que monseigneur le chancelier
A travaillé de grand courage
Pour avancer ce bel ouvrage,
Et joindre ce nouveau bienfait
A maint autre qu'il nous a fait.

Est-il vrai que huit ou dix rois,
Tant d'aujourd'hui que d'autrefois,
Par leurs mains..., mais c'est calomnie,
Dont on noircit la compagnie;
Car jamais, depuis les Valois,
On n'en a pu trouver que trois.

On prétend qu'aux jeunes garçons
Ils donnent d'étranges leçons;
Mais ils ont le respect dans l'âme
Pour toute fille et toute femme :
De leurs restes je suis content,
De tout moine on n'en dit pas tant.

Tous ceux qui les ont fait bannir,
Ma foi, n'ont qu'à se bien tenir;

Car aux auteurs de leur disgrâce
Ils ne feront aucune grâce,
Et leur zèle ardent, mais sans fiel,
Vengera la cause du ciel.

Ce brillant monsieur de Choiseul,
Qui les voyait d'un mauvais œil,
Pour avoir bravé leur puissance,
En fait aujourd'hui pénitence,
En vivant comme un loup-garou
Dans son château de Chanteloup.

Le roi d'Espagne en les chassant
S'est mis en un pas bien glissant ;
Si le général ne lui donne
Un sauf-conduit pour sa personne,
Quoique son poste soit fort beau,
Dieu me garde d'être en sa peau !

Pour son ministre d'Aranda,
Qui si mal les accommoda,
De ce jour à six mois de terme,
S'il jouit d'une santé ferme,
Au monde je veux publier
La vertu de son cuisinier.

On sait que l'ancien Parlement
Contre eux eut toujours une dent ;
Le Roi, connaissant sa malice,
Enfin leur en a fait justice ;

Et le nouveau les soutiendra,
Tant que lui-même il durera.

Goëzman[1] sera leur rapporteur,
Marin[2], leur administrateur;
Et l'on verra les fonds de l'ordre
Bientôt mis dans le plus bel ordre.
Malheur à toute nation
Qui n'a pas leur direction !

L'Anglais ne nous traitait pas bien,
Le Nord ne nous comptait pour rien;

1. Beaumarchais a immortalisé, dans ses célèbres *Mémoires*, le souvenir de son différend avec le conseiller Goëzman, qu'il couvrit d'une honte ineffaçable. Voici le sujet de cette mémorable affaire, brièvement expliqué par Grimm dans sa *Correspondance* : « M. Goëzman avait été nommé rapporteur dans le procès du sieur de Beaumarchais avec le comte de La Blache. M. de Beaumarchais n'ayant pu obtenir, à ce qu'il dit, aucune audience, fut engagé par ses amis à faire présenter à son épouse un rouleau de cent louis et une montre à répétition, avec quinze louis pour son secrétaire, afin d'obtenir à ce prix la faveur qu'il sollicitait. Mme Goëzman dit qu'elle les rejeta d'abord avec dédain, mais enfin elle les reçut, et le procès jugé en faveur de M. de La Blache, elle renvoya à M. de Beaumarchais les cent louis et la montre en se réservant seulement les quinze louis. M. de Beaumarchais insista sur ces quinze louis, et, dans ces entrefaites, M. Goëzman le dénonce au Parlement comme ayant cherché à corrompre la vertu du magistrat le plus incorruptible. »

2. François Marin, censeur royal et directeur de la *Gazette de France*, s'était avisé d'intervenir dans l'affaire Goëzman ; il y gagna d'être pris à partie par Beaumarchais, et vertement tourné en ridicule.

Témoin cette pauvre Pologne,
Que de tous les côtés l'on rogne,
Et dont chacun a pris son lot,
Sans nous en dire un traître mot.

Le retour des pères enfin
Nous assure un meilleur destin ;
Nous reverrons bientôt la France
Recouvrer toute sa puissance,
Et notre peuple, heureux et gai,
Comme on l'était au Paraguay.

Sitôt qu'ils seront revenus,
On verra tous les revenus
Croître de deux ou trois vingtièmes,
Pour le Roi, sinon pour nous-mêmes ;
Et les prières de leurs saints
Nous feront amender les grains.

Que l'espoir de tant de bonheur
Réjouisse aujourd'hui nos cœurs :
Allons présenter aux bons pères
Nos hommages les plus sincères ;
Que leur retour nous sera doux !
Seigneur, ayez pitié de nous !...

LA MORT

DU

MARQUIS DE CHAUVELIN[1]

Loin de moi le froid délire
Qu'enfante le dieu des vers !
Venez accorder ma lyre,
Noirs soucis, regrets amers !
Sur les cordes gémissantes,
Mes mains s'égarent tremblantes :
Coulez librement, mes pleurs.
La désolation de ces rimes,
Mieux que des accents sublimes,
Saura peindre mes douleurs.

Oh ! quelle scène cruelle
Pour les regards de ton Roi,
Quand le Temps, ouvrant son aile,
Est venu fondre sur toi !

---

1. Mme du Deffand écrivait à Walpole, le 22 novembre : « J'apprends la mort de M. de Chauvelin ; c'est une perte pour la société... Il est mort d'une apoplexie de sang ; on en a trouvé sa tête remplie, et tous les vaisseaux de son estomac dilatés et variqueux ; il mangeait énormément. Tout le monde le regrette ; il était positivement l'homme qu'il fallait montrer pour prouver ce que nous entendons

Tu disparais sans attendre
Que l'épouse la plus tendre
Ferme tes yeux de sa main.
Ainsi tomberait en poudre
Le convive que la foudre
Eût frappé dans un festin.

Il meurt, ce héros aimable !
Ma joie expire avec lui :
De ma muse inconsolable
Il fut la gloire et l'appui.
Il meurt !... et l'homme inutile
A vu vieillir son argile ;
Sur lui s'entassent les ans,
Et la terre, qui l'oublie,
A trois fois, pendant sa vie,
Reproduit ses habitants.

Non, tu vivras : ton image
Respire au fond de nos cœurs.
Elle y peint les traits d'un sage
Dont l'esprit ornait les mœurs.
Tu fus chéri de ton maître,
Il avait su te connaître :

par un Français aimable ... C'est une perte pour tout le monde ; *nos philosophes* diraient pour *l'humanité.* » Le marquis, qui avait été ambassadeur de France à Turin et avait commandé l'armée envoyée en Corse sous M. de Choiseul, était l'un des favoris de Louis XV ; sa mort subite frappa vivement le Roi.

Son choix fut justifié.
Conti t'aimait sur ta cendre;
On voit ce prince répandre
Les pleurs dus à l'amitié.

Ah! si ton ombre célèbre
Est sensible à mes accords,
Si cet éloge funèbre
Peut te flatter chez les morts,
Plein du bienfaiteur que j'aime,
Je viens, sur sa tombe même,
Chanter ses mâles vertus ;
Et, sûr de tous les suffrages,
J'offre en pleurant mes hommages
Au grand homme qui n'est plus !

NOËLS POUR L'ANNÉE 1773[1]

Le bruit de la naissance
De notre rédempteur
Excita dans la France
La plus grande rumeur.
De l'auguste Opéra, la troupe académique
Voulut, en cette occasion,

1. Sur l'Académie royale de musique. (M.)

Donner de sa dévotion
Une preuve authentique.

Pour joindre, avec adresse,
L'éclat et la splendeur
A toute la sagesse
D'un administrateur,
Rebel[1] n'oublia rien dans cette circonstance,
Et sa perruque et son cordon
Sentirent même, ce dit-on,
L'effet de sa prudence.

Suivant l'antique usage,
A tout·avénement
Il vint un homme sage
Faire son compliment.
Mais il s'y prit, hélas! de façon si maussade,
Son discours fut si long, si plat,
Que Jésus, faible et délicat,
En fut presque malade.

Ne se sentant pas d'aise,
Soudain Legros[2] parut;
Sa mine un peu niaise
Au bon Joseph déplut.
Mais l'entendant chanter, il usa d'indulgence,
Son air gauche il lui pardonna,

---

1. M. Rebel, directeur. (M.)
2. M. Legros, acteur. (M.)

Même, dit-on, il lui passa
   Son peu d'intelligence.

      Madame Larrivée [1]
      Y vint fondant en pleurs ;
      A toute l'assemblée
      Elle dit ses malheurs.
En vain pour mon mari j'ai l'amour le plus tendre ;
      Bien loin de s'en inquiéter,
      L'ingrat court plutôt en conter
         A qui veut bien l'entendre.

      Du fond de la chaumière,
      Cet époux [2] au Sauveur
      Dit : De cette mégère
      Délivrez-moi, Seigneur ;
Comblé d'un tel bienfait, Roi des cieux, je vous jure,
      Jamais je ne nasillerai,
      Et, si je peux, j'en oublierai
         Ma voix et ma figure.

      Sans aucune rivale,
      Je tiens le premier rang ;
      Personne ne m'égale,
      S'écria la Duplan [3] ;
J'ai de rares talents, que tout le monde admire,

---

1. Mme Larrivée, auparavant Mlle Lemierre, chanteuse. (M.)
2. M. Larrivée, acteur. (M.)
3. Mme Duplan, actrice. (M.)

Du feu, de l'âme et cætera...
Joseph allait croire cela,
  Mais il vit Télaïre.

    Ainsi que sur la scène,
    Et plus touchante encor,
    Parut en souveraine
    L'amante de Castor[1] ;
D'un ton noble et décent, elle dit à Marie :
    En cette heureuse occasion,
    Donnez votre protection
      A notre Académie.

    Pour se faire connaître,
    Monsieur Gélin[2] chanta,
    Mais l'ennui qu'il fit naître
    Eût suffi sans cela ;
Il croyait cependant opérer des merveilles,
    Mais il ralentit de son ton
    Voyant qu'à sa voix le grison
      Redressait ses oreilles.

    Conduite par les Grâces,
    Heinel[3] vint à son tour ;
    Mais, hélas ! sur ses traces
    On ne voit plus l'Amour.

1. Mlle Arnould, qui a joué supérieurement le rôle de Télaïre dans *Castor et Pollux*. (M.)
2. M. Gélin, acteur. (M.)
3. Mlle Heinel, première danseuse. (M.)

Ce dieu, si l'on en croit la méchante chronique,
Loin par elle d'être encensé,
Chaque jour s'en voit offensé
Par un culte hérétique.

Faisant laide grimace,
Mercy[1], tout en courroux,
S'écriait : Faites place,
Promptement rangez-vous.
Joseph, en le voyant, crut, avec bonhomie,
Que ce tapage et cet éclat
Annonçaient quelque potentat,
Et c'était Rosalie[2].

La plus grande parure,
Du rouge et des diamants,
Prêtaient à sa figure
De nouveaux agréments;
Malgré cela, Jésus, dont le goût est novice,
Lui trouva l'air d'une catin;
Son écuyer, triste et bénin,
Lui parut un Jocrisse.

De sa voix glapissante
Adoucissant le ton,
Beaumesnil[3] se présente

1. M. le comte de Mercy, ambassadeur de l'Empire. (M.)
2. Mlle Rosalie La Vasseur, actrice, maîtresse du comte de Mercy. (M.)
3. Mlle Beaumesnil, actrice. (M.)

Au céleste poupon ;
Elle regrette en vain le jour où, dans *Sylvie,*
Le parterre trop indulgent
Crut en elle voir un talent
Qu'elle n'eut de sa vie.

Aussitôt dans la salle
On vit paraître Allard,
Et Peslin sa rivale,
Et l'adroite Guimard [1] ;
Dauberval [2] conduisait cette troupe folâtre :
Approchez-vous, leur dit Jésus,
Vous serez toujours bien venus
Ici comme au théâtre.

La gorge et le visage
Peints de rouge et de blanc,
Belle comme une image,
Surtout l'air impudent,
Cléophile [3] parut dans cette conjoncture.
Quoi! dit-elle, pour ces gens-là,
On me fait quitter l'Opéra !
Eh! vite ma voiture.

Un jeune militaire
A Joseph dit tout bas :

---

1. Mlles Allard, Peslin et Guimard, premières danseuses. (M.)
2. Dauberval, danseur. (M.)
3. Mlle Cléophile, figurante. (M.)

Si cette fille est fière
Sa maman [1] ne l'est pas.
Moyennant de l'argent, vous la rendrez facile
Vos bas elle ravaudera
Et même vous procurera
Une nuit de sa fille

Plus laide que les ombres
Qu'elle évoque à grands cris,
Et telle qu'aux bords sombres
On nous peint Erinnys,
Durancy [3], l'œil hagard et tordant bien la bouche,
Vint se présenter au Sauveur,
Qui recula saisi d'horreur
A son aspect farouche.

Au masque de Thalie
Réduite à renoncer,
Et de l'Académie
Prête à se voir chasser,
Sifflée avec grand soin sur la scène tragique,
Elle n'a plus rien à tenter,
Sinon d'aller bientôt montrer
La lanterne magique.

Moi ni monsieur mon frère,
Dit Vestris [3] au Sauveur,

1. La mère de Cléophile. (M.)
2. Mlle Durancy, actrice. (M.)
3. Le sieur Vestris, premier danseur. (M.)

N'avons pu rendre mère
Madame notre sœur.
Que sans secours humain une jeune pucelle
Ait fait un si joli poupon,
Cela n'entrera tout de bon
Jamais dans ma cervelle.

Quel est ce personnage?
Dit Jésus irrité;
On voit sur son visage
Toute sa vanité.
Ainsi que vous, Seigneur, je possède un empire,
Répliqua Vestris furieux;
De la danse je suis le dieu...
Gardel se prit à rire.

Se croyant à la piste
De quelque trépassé,
La mine froide et triste,
L'air décontenancé,
Beauvalet[1] se montra. Joseph, qui le remarque,
En le plaignant tout bas disait :
A merveille! il figurerait
Dedans un catafalque.

La gorge toute nue
Martin[2] se présenta;

---

1. M. Beauvalet, acteur. (M.)
2. Mlle Martin, danseuse. (M.)

Cependant cette vue
Personne ne tenta :
L'enfant qui, sur ce point, n'entendait pas malice,
Voyant ces énormes tétons,
Crut qu'elle venait tout de bon
Pour être sa nourrice.

Au fond de la cabane,
Par la foule pressé,
Entre le bœuf et l'âne
Durand[1] se vit placé :
Il s'en plaignit tout haut à notre divin Maître,
Qui, malgré sa grande bonté,
Lui dit : Je crois qu'en vérité
Vous ne pouviez mieux être.

D'un grand air de princesse
Élargissant les rangs,
Fontenay[2], la duchesse,
Vint montrer ses enfants.
Il faut les protéger, dit Jésus à sa mère,
Ils soutiendront fort bien leur rang ;
Même ils auront l'esprit brillant
Comme monsieur leur père.

Mais dans cette aventure
Jaloux de figurer,

1. M. Durand, acteur. (M.)
2. Mlle Fontenay, danseuse, maîtresse du duc de Grammont. (M.)

Messieurs de la Doublure [1]
Se pressent d'arriver.
La Suze, l'insolent! y faisait grand tapage,
Et soutenait que Cavalier
A l'ânon devait le premier
Présenter son hommage.

Je crains peu qu'on me raille,
Dit Dauvergne à Granier [2];
Ici, comme à Versailles,
On n'osera huer.
Donnons mon opéra pour Jésus et sa mère;
Mais à peine eut-on entonné
Un air de sa *Callirhoë;*
L'âne se mit à braire.

Aussitôt que La Salle [3]
Sut que c'était Noël,
Il vint en linge sale
Adorer l'Éternel.
Ah! que vois-je? dit-il, en jurant comme un diable,
Hérode est un franc animal;
Qu'on mène l'enfant au Wauxhall,
Otez Dieu de l'étable.

---

1. Les Doubles. (M.)
2. M. Dauvergne a refait avec M. Granier l'opéra de *Callirhoë*. (M.)
3. M. La Salle, secrétaire de l'Opéra et entrepreneur du *Wauxhall*. (M.)

Pour fêter son enfance
Employons tous nos soins;
Pour un écu de France
On entrera, pas moins.
Prenez, au magasin de notre Académie,
Plusieurs quadrilles de danseurs,
Ajoutez-y des brétailleurs
Puis une loterie.

Mais j'oubliais Julie[1]
Et son navigateur[2];
Elle vint à Marie
Présenter ce vainqueur :
Non, non, lui dit Joseph, il a vogué sur l'onde;
Des marins je crains le pouvoir;
A notre vierge il ferait voir
Bientôt le bout du monde.

ÉPIGRAMMES DIVERSES

SUR CLÉMENT XIV

C'est en vain que Nicole, Arnauld et Saint-Cyran
De leur Jansénius exaltent la doctrine;

1. Mlle Julie, danseuse. (M.)
2. M. de Bougainville, qui a fait le tour du monde, amant de cette demoiselle. (M.)

De mon Dieu, de mon père ils ne font qu'un tyran,
Qui des pauvres mortels médita la ruine.
Sur mille, il n'en prend qu'un qu'il tire du néant,
Au bonheur éternel son choix le prédestine,
Et le reste est plongé dans un feu dévorant.
Sont-ce là les effets de la bonté divine?
La haine d'un parti désormais expirant
Des durs janséniens avait grossi la liste.
Mais si de Loyola l'ordre est enseveli[1],
Avec lui s'est perdu le nom de moliniste;
  Je rends grâce à Ganganelli;
  Nous n'aurons plus de jansénistes.

SUR M. DE MONTEYNARD [2]

 Quel bruit! quel train au séjour
  De la cour!
 Serait-ce donc de l'Amour
 Encor quelque miracle?
 Non, ce n'est qu'une débâcle :
 C'est monsieur de Monteynard
  Qui repart,
 Après avoir par hasard

---

1. C'est au mois de juillet 1773 qu'un bref de Clément XIV supprima définitivement la société de Jésus.
2. Lorsqu'il quitta le ministère de la guerre à la fin de 1773.

Occupé le ministère,
Sans penser et sans rien faire[1].

SUR L'ABBÉ TERRAY[2]

Certain abbé, visant aux sceaux
Ainsi qu'aux dignités du plus haut ministère,
S'adresse, dit-on, au Saint-Père,
Pour être colloqué parmi les cardinaux.
— Quoi, saint-père, dit-il, serait-ce une arrogance
De tendre au même rang où Dubois fut porté?
Non moins que lui j'ai la naissance,
L'esprit, les mœurs et la subtilité.
En outre, mieux que lui ne suis-je pas noté? —
Connais-toi mieux, lui répond le Saint-Père
Justement animé d'une sainte colère :
O Satanas! vade retro!
Raconter ailleurs tes sornettes :

---

1. « On sent combien tout cela est injuste. Quand M. de Monteynard n'aurait fait que réduire à trente-six millions le département de la guerre, porté, sous M. le duc de Choiseul, à soixante et un millions, ç'aurait été beaucoup. » (*Mém. de Bachaumont.*)

2. « Depuis quelque temps, les bruits se renouvellent sur la prétention de M. l'abbé Terray d'être élevé à la pourpre romaine; du moins il faut le supposer pour entendre cette épigramme, inintelligible encore, si l'on n'instruisait le lecteur du faible de cet ecclésiastique envers le beau sexe. » (*Mém. de Bachaumont.*)

Jamais tu n'auras de chapeau ;
Il ne te faut que des cornettes.

SUR L'ACADÉMIE[1]

Des Quarante, priés en vain à ton convoi,
Aucun n'en a voulu grossir le petit nombre !
Ne t'en plains pas, Piron : c'est qu'ils avaient, ma foi,
 Encor peur même de ton ombre !

SUR LE COCHE DE L'ENNUI

N'y a pas bien longtemps qu'aux fanges du Parnasse
 Se promenait le pesant dieu d'ennui :
 Trois animaux, aussi mornes que lui,
 Avec effort traînaient sa lourde masse ;
 Un La Morlière, énorme limonier,
 Dans le marais embourbait la charrette ;
 A la bricole on voyait Chévrier,
 Et Marmontel filait en arbalète.

1. « On a dit qu'on avait remarqué avec indignation que de tous les membres de l'Académie française invités à l'enterrement de M. Piron, aucun ne s'y était trouvé. » (*Mém. de Bachaumont.*)

ANNÉE 1774

CHACUN SON MÉTIER

Si dans la France tout prospère,
C'est que d'un zèle soutenu
Chacun y fait ce qu'il doit faire.
L'abbé Grisel vous est connu[1] :
Hier il vit, dans un coin sombre,
Ses pas doucement arrêtés
Par la voix d'une des beautés
Que la nuit amène sans nombre,
Et qui, dans leur joyeux loisir,
S'en vont, à la faveur de l'ombre,
Semer en tout lieu le plaisir.
La belle en offrit au saint homme.
A le goûter il se soumit;
Et tout en le goûtant se mit
A la prêcher, lui disant comme

---

1. L'abbé Grisel, grand pénitencier de Notre-Dame. (M.)

L'art qu'elle exerce lui vaudra
Une éternité malheureuse;
Que Dieu sans faute brûlera
Toute fillette un peu joyeuse.
Tais-toi, dit-elle, plat vaurien,
Ta morale triste et fâcheuse
En ce moment, sied, ma foi bien!
Que mon sermon ne vous irrite
Et surtout ne vous trouble en rien!
Dit Grisel; faites, ma petite,
Votre métier, je fais le mien.

ÉPIGRAMMES

SUR

LE PROCÈS DE BEAUMARCHAIS

INIMITABLE Beaumarchais[1],
Ta plume est une enchanteresse,
Elle embellit les moindres faits,
Et plaît autant qu'elle intéresse.

---

1. On lit dans les *Mémoires de Bachaumont,* à la date du 18 février : « La curiosité de lire le dernier mémoire du sieur de Beaumarchais ne peut se rendre. On en a déjà débité six mille exemplaires. Il faut convenir que celui-ci est beaucoup plus intéressant par les grands objets

En lisant tes charmants écrits,
On veut te voir et te connaître ;
Tu captives tous les esprits,
De tous les cœurs tu te rends maître ;
Que le plus éclatant succès
Soit le prix de tes doctes veilles,
Puisse le gain de ton procès
Couronner tant d'autres merveilles !

~~~~~~

Bravo ! pulvérise les lâches ;
Tes ennemis sont des bravaches,
Sots et méchants tout à la fois.
Quant à l'insolent porte-croix [1]
Qui, déplacé partout, semble avoir pris à tâche
D'être souple à l'armée et fougueux au palais,
Dans tes nerveux écrits, courageux Beaumarchais,
Ne lui donne point de relâche :

qu'il traite ; il est d'ailleurs infiniment mieux fait que le troisième... Outre les personnages déjà connus et bafoués, il y amène le président de Nicolaï, dont le nom, la qualité et les aventures scandaleuses fixent plus particulièrement l'attention. Il passe ensuite à un résumé clair et concis de toute l'affaire... Il répand, toujours à pleines mains, le sarcasme sur Mme Goëzman... puis il tombe à bras raccourcis sur d'Airolles... Après s'être contenu dans la gravité du sujet, l'écrivain en revient à son ami Marin, qu'il traîne encore dans la boue et qu'il couvre d'opprobre. »

1. M. de Nicolaï, chevalier de Saint-Louis et président à mortier du nouveau Parlement. (M.)

En repoussant les traits de la perversité,
Citoyens et rieurs, tout est de ton côté[1].

~~~~~~~

Damon, de Beaumarchais parlait avec estime.
Vous êtes son ami, je crois, dit Hermotime.
Moi ! point, je le vois peu ; même jusqu'aujourd'hui,
Loin de le rechercher, je l'avais toujours fui. —
Et pourquoi ? — Ma conduite est assez circonspecte :
Beaumarchais, entre nous, n'était point estimé,
Sa réputation était même suspecte ;
Le nouveau Parlement ne l'avait point blâmé.

~~~~~~~

Le public, seul juge suprême[2]
En matière d'opinion,
Blâme le Parlement lui-même,

---

1. « Du 19 janvier. Ce jour il me tombe entre les mains copie d'une petite pièce de vers adressée au sieur de Beaumarchais, qu'on pourrait regarder dans le moment présent comme la coqueluche de tout Paris et qui avait été composée relativement à l'insulte qu'il avait reçue au Palais du sieur de Nicolaï, président à mortier, sur laquelle Messieurs du Parlement avaient refusé contre toutes règles d'admettre sa plainte et de lui rendre justice. » (*Journ. de Hardy.*)

2. L'arrêt rendu le 26 février était ainsi conçu : « La cour, toutes les chambres assemblées, faisant droit sur le tout, pour les cas résultant du procès, condamne Gabrielle-Julie Jamart, femme de Louis-Valentin Goëzman à être mandée à la chambre pour, étant à genoux, y être blâmée;

Et condamne à la question
Marin d'abord, comme espion;
Puis, comme usurier et fripon,
Le livre au bourreau pour le pendre :
Renvoie absous de Beaumarchais,
Et lui donne ordre d'entreprendre
L'histoire du nouveau Palais.
Quant à Goëzman, son adversaire,
Sa peau, transformée en tambour,
Publiera qu'il faut être austère;
Et sa compagne, dès ce jour,
Rejoindra la Salpêtrière,

la condamne, en outre, en trois livres d'amende envers le Roi, à prendre sur ses biens, sans s'arrêter ni avoir égard à la requête de Pierre-Augustin Caron de Beaumarchais, et faisant droit sur les conclusions du procureur général du Roi, ordonne que ladite G.-Julie Jamart, sera tenue même par corps de rendre et restituer la somme de 360 livres par elle reçue d'Edme-Jean Lejay, pour être ladite somme appliquée au pain des pauvres prisonniers de la Conciergerie du Palais; condamne pareillement P.-A. Caron de Beaumarchais à être mandé à la Chambre, pour, étant à genoux, y être blâmé; le condamne en outre en trois livres d'amende envers le Roi à prendre sur ses biens; faisant droit sur la plainte du procureur général du Roi reçue et jointe au procès par arrêt de la cour, ensemble sur ses conclusions, ordonne que les quatre mémoires imprimés en 1773 et 1774 signés *Caron de Beaumarchais,* seront lacérés et brûlés au pied du grand escalier du Palais, *comme contenant des imputations téméraires, scandaleuses et injurieuses à la magistrature en général, à aucuns de ses membres et diffamatoires envers différents particuliers;* fait défense audit Caron de Beaumarchais de faire à l'avenir de pareils mémoires sous peine de punition corporelle... »

Pour y disserter sur l'amour.
D'Arnaud, Lejay, Bertrand d'Airolles[1],
Vides de sens et de raison,
Iront de droit, d'après leurs rôles,
Tous trois aux Petites-Maisons.

~~~~~~

Quand pour ouïr sa destinée,
Aux pieds de l'auguste divan,
Tremblante, interdite, étonnée,
La tendre épouse de Goëzman
Avec pompe fut amenée,
D'un ton doux, civil et prudent,
Monsieur le premier président,
Fort expert en galanterie,
Au nom de la docte écurie
Lui fit ce joli compliment :
Calmez vos sens, rassurez-vous, madame,
Vous en êtes quitte à bon prix :
Vos juges par ma voix vous déclarent infâme. —
Soudain reprenant ses esprits,
Quoi ! ce n'est que cette misère?
Reprend la dame aux quinze louis;
En vérité, dans cette affaire,
Soins superflus, messieurs, vous avez pris.

---

1. D'Arnaud Baculard, poète prenant la qualité de conseiller d'ambassade ; Lejay, libraire de la rue Saint-Jacques ; D'Airolles, négociant à Paris et ami du sieur Marin. (M.)

N'était besoin de tout ce formulaire,
    De ces grands mots ne disant rien,
    Pour condamner à l'infamie
L'épouse d'un sujet de votre confrérie :
Avec lui suis-je pas, hélas ! commune en bien ?

On veut de tes écrits voir allumer des feux ;
    C'est un arrêt qu'on vient de rendre ;
Ce jugement pour toi n'a rien d'injurieux ;
    Voici comment il faut le prendre :
Aux yeux des gens de bien ils sont si précieux,
Qu'on veut qu'ils soient brûlés pour en avoir la cendre.

    Beaumarchais, sortant de la cour
    Qui venait de le rendre infâme
    Pour avoir mis au plus grand jour
Des tours de leurs messieurs, assez dignes de blâme,
    Dit au public, touché de ses revers :
Messieurs, je suis infâme et jugé par mes pairs.

Vous qui, sur Beaumarchais, lancez votre tonnerre,
    Lorsque vous irez chez Pluton,

Faites le voyage par terre,
On est trop mal mené dans la barque à Caron[1].

ÉPITRES A BEAUMARCHAIS

SUR

LA PERTE DE SON PROCÈS

Victime de l'intrigue et d'un affreux procès,
Toi qui fus en Espagne un Cicéron français[2],
Qu'un courage nouveau vienne affermir ton âme
Le public t'applaudit lorsque la cour te blâme.
L'arrêt de ta patrie est gravé dans les cœurs,
Et, tout prêts à couler, il arrête nos pleurs.
Mais qui peut essuyer les larmes de ton père!
La main que, pour son sang, arme le cœur d'un frère
A ce droit généreux; ainsi c'est ton devoir,
Et ce n'est pas pour toi qu'est fait le désespoir.
Montre-lui tes amis dont le nombre s'augmente

---

1. Allusion au nom de famille de M. Caron de Beaumarchais. (M.)
2. Pour se concilier les sympathies du public et surtout des femmes en intéressant leur cœur, Beaumarchais avait terminé son quatrième mémoire par le récit de l'aventure dramatique arrivée en Espagne à l'une de ses sœurs.

En raison des serpents que la cabale enfante,
Montre-lui l'innocence assise sur ton front,
D'un coup d'œil écartant un téméraire affront;
Montre-lui des Français la bouillante cohorte
De Thémis indécise en vain pressant la porte :
Peins leur douleur soudaine à l'arrêt répandu :
Chacun croyait d'abord avoir mal entendu ;
Un bruit sourd et confus trahit la voix publique;
De la divinité qui règne en ce portique,
Le respect imposant, peut-être la frayeur
Étouffe en ce lieu saint le cri de la douleur.
Chacun fuit consterné, dans un morne silence;
Pour son propre procès chacun tremble d'avance,
Et l'honneur révolté t'arrache en gémissant
Du temple où te poursuit un courroux trop puissant.

Calme, par ce récit, ta famille éplorée,
Garde la fermeté que ton cœur a jurée;
Et tel que l'aigle altier, veillant aux pieds des dieux,
Laisse passer la foudre, et n'en plane que mieux.

Des juges le public est le juge suprême;
Tu l'as dit, Beaumarchais, tout Paris révolté
Désavoue hautement l'arrêt qu'ils ont porté.
Chacun en t'honorant croit s'honorer soi-même.
On te loue, on t'admire, on t'applaudit, on t'aime;
On bénit avec joie, on cite avec ardeur
Ces princes généreux, ces juges de l'honneur,

Aux cris d'un vil Sénat opposant leur estime,
Attestant ta vertu calomniée en vain,
Ton courage étonnant qui croît quand on l'opprime,
Et ces talents si grands dont on te fait un crime.
C'est Conti, nous dit-on, c'est lui de qui la main
A sauvé du bûcher qu'allumait la sottise
Le précepteur d'*Émile* et l'amant d'*Héloïse*.
Contre nos oppresseurs, son neveu [1], comme lui,
Au mortel innocent présente un sûr appui.
Dignes du sang des rois, exemple de la France,
Conservez notre honneur dans ces jours de démence.
Quand le Russe ou l'Anglais, insultant à nos mœurs,
Nous dira : Peuple lâche, en butte à mille erreurs,
Toujours vos tribunaux ont donc proscrit vos sages?
Je répondrai pour lors : Si des hommes menteurs,
Si des pédants contre eux ont formé des orages,
Par nos princes du moins ils furent défendus.
Nos princes ont instruit les peuples éperdus
A réparer leurs maux, à laver leurs outrages,
A priser leurs talents et leurs nobles vertus,
Que ne dégradent point des arrêts mal rendus.
Voilà les vrais Français, l'honneur seul les anime;
La persécution accroît encor l'estime;
Pour être aimé de nous c'est un titre de plus.

---

1. M. le duc de Chartres. (M.) « Mgr le prince de Conti et Mgr le duc de Chartres, sensibles au malheur de M. de Beaumarchais, l'ont reçu plusieurs fois chez eux avec beaucoup de bonté et, depuis l'arrêt prononcé, il a même eu l'honneur de leur faire la lecture du *Barbier de Séville* en présence de toute la cour. » (*Corresp. de Grimm.*)

De tes vils ennemis la rage est trop notoire ;
En voulant te flétrir ils te comblent de gloire.
Ton cœur n'a point perdu sa noble fermeté ;
Tu nous souris encore avec sérénité ;
De tes amis enfin tu calmes les alarmes ;
De tes mourantes sœurs ta main sèche les larmes ;
De ton père, à son Dieu demandant le trépas,
Tu ranimes la force expirante en tes bras.
Ainsi, quand par les fruits d'une intrigue cruelle
On t'ose condamner avec sévérité,
Vainqueur des passions et de l'adversité,
Aux vertus, à l'honneur, à tes devoirs fidèle,
De force, de noblesse et de simplicité
Tu nous offres encor le plus parfait modèle.

NOËLS POUR L'ANNÉE 1774[1]

D'UNE vierge féconde
L'enfantement, dit-on,
Attira bien du monde
A Jésus, à l'ânon.
Nous étouffons ici, dit l'enfant à sa mère,

---

[1]. Ces noëls étant exclusivement consacrés aux personnages qui figuraient dans le procès de Beaumarchais, c'est dans les *Mémoires* du célèbre écrivain que l'on trouvera l'explication des allusions qu'ils renferment.

Renvoyez-moi ce Parlement. —
Non, dit Maupeou, tout doucement,
   A l'âne il pourra plaire.

Oh! dit l'âne, j'en doute;
Je renonce aux procès;
Voulez-vous qu'il m'en coûte
Autant qu'à Beaumarchais?
Pour eux je n'entends point faire aucun sacrifice.
Mais, dit La Blache[1], il le faut bien;
Croyez-vous qu'il n'en coûte rien
   Pour gagner la justice?

Nous avons peu de gages,
Reprit l'auguste corps,
Et pour nos équipages
Il nous en faut de forts.
Nous pouvons exiger ces petits sacrifices :
Au plus offrant nous accordons
Ce qu'à l'autre nous refusons;
   Cela tient lieu d'épices.

O ciel! quelle impudence,
Dit Goëzman l'imposteur;
J'en demande vengeance,
Je suis le rapporteur.
Parbleu! je ne prends rien, ma femme peut le dire.
A ces mots, le bœuf et l'ânon

---

1. Adversaire de Beaumarchais. (M.)

Firent l'interrogation
Qui nous a tant fait rire.

La dame, un peu féroce,
D'abord avec dépit
Répond que c'est atroce,
A tout ce qu'on lui dit ;
Mais bientôt, se coupant dans toute sa réplique,
Dit à sa confrontation
Que la perte de sa raison
Vient d'un état critique.

Lejay contre la porte
Restait comme un nigaud ;
Qu'est-ce donc qu'il apporte,
Dit le bœuf un peu haut ?
Goëzman répondit : Il faut que l'on suppute,
Pour ma justification,
La bonne déclaration
Dont j'ai fait la minute.

Avec son humeur noire
Baculard s'approcha,
Présentant un mémoire
Dont l'âne fort glosa.
Adieu, mes compagnons ; j'ai peur de la gourmade,
J'aime mieux ne jamais parler
Que d'être encor le conseiller
D'une telle ambassade.

De la dernière sorte
Certain homme arriva,
Criant : voici la porte,
Holà ! cocher, holà !
Quès aco, dit Jésus, quels sont donc ces carrosses ? —
C'est un corsaire, un maltôtier,
Fripier d'écrits, un fourrier
Traîné par quatre rosses.

J'apporte la *Gazette,*
Dit Marin hautement.
Ah ! mon Dieu ! qu'elle est bête,
Dit Joseph en bâillant :
Non, je n'ai jamais vu de sottises pareilles ;
Qu'il retourne à la Ciotat,
Sur le petit orgue il pourra
Étourdir les oreilles.

Pour le coup, j'en rappelle,
Cria le grand cousin,
Au haut de mon libelle
Je vous parle latin.
Ouf ! s'écria Jésus, au diable la personne ;
L'avorton et le sacristain
Ont un goût si fort de marin,
Que l'odeur empoisonne.

Pour assoupir l'affaire,
Lors Goëzman poliment

Vint offrir à la mère
De tenir son enfant.
Serait-ce sur les fonts ? Ciel, quelle audace extrême !
Monsieur, si vous ne changez de nom,
J'aimerais mieux que le poupon
Se passât de baptême.

Le président de même [1],
Avec ses yeux de bœuf
Et son esprit de même,
Porte un arrêt tout neuf.
Donnez-m'en, dit l'ânon ; j'en veux un exemplaire,
Suffit qu'il n'ait pas de bon sens,
Je le lirai de temps en temps,
Pour m'exciter à braire.

Le Sauveur dans la presse
Beaumarchais reconnut ;
Cet homme m'intéresse,
Dit-il, lorsqu'il parut ;
En vain Châteaugiron [2] contre lui se rebecque.
Qu'il prenne place auprès de moi,
Ses mémoires seront, ma foi,
Dans ma bibliothèque.

---

1. Berthier de Sauvigny, ancien intendant de Paris, premier président du nouveau Parlement. (M.)

2. Leprêtre de Châteaugiron, président à mortier du nouveau Parlement, très opposé au sieur Beaumarchais. (M.) Quoique récusé par Beaumarchais, il avait pris séance au Parlement lors du prononcé du jugement.

Lors un ex-militaire
Dont on sait la valeur,
Pour Goëzman le faussaire
Digne solliciteur,
Voyant près du Sauveur Beaumarchais à sa place,
Dit en jurant comme un païen :
Gens du guet, poussez ce chrétien,
Il m'a fait la grimace.

Jésus s'écrie : Arrête,
Modère ton ardeur,
Capitaine Tempête ;
Surtout de la douceur.
Pour tes concitoyens sois aussi débonnaire
Et sois aussi doux dans Paris
Qu'on te vit pour les ennemis,
Quand tu fus militaire.

Joseph au ministère,
Dit alors de sortir,
Et qu'après cette affaire
L'enfant voudrait dormir.
Ah ! c'est donc sur ce ton qu'on nous met à la porte,
Quoi ! Beaumarchais seul restera,
Mais son *mémoire* on brûlera.
L'auteur dit : peu m'importe.

O troupe inamovible,
Retourne dans Paris ;
Ce coup sera sensible

A tous les bons esprits.
La bêtise chez vous a passé la mesure;
Peut-être que cet accident
Nous rendra l'ancien Parlement,
A force de censure.

ORAISON FUNÈBRE

DE LOUIS XV[1]

Te voilà donc, pauvre Louis,
Dans un cercueil à Saint-Denis !
C'est là que la grandeur expire.
Depuis longtemps, s'il faut le dire,

---

1. Louis XV mourut à Versailles, de la petite vérole et d'une fièvre maligne, le 10 mai 1774. « Dès qu'il fut mort, chacun s'enfuit de Versailles. Il n'y resta que le duc d'Ayen, survivancier de son père, capitaine des Écossais, dont le droit est de garder le Roi mort; le duc d'Aumont, premier gentilhomme de la chambre d'année; le grand aumônier et M. de Dreux, grand maître des cérémonies. On se dépêcha d'enfermer le corps dans deux cercueils de plomb, qui ne continrent qu'imparfaitement la peste qui s'en exhalait; quelques prêtres, dans la chapelle ardente, furent les seules victimes condamnées à ne pas abandonner les restes d'un Roi qui, par le désordre honteux de ses mœurs, l'indifférence pour ses devoirs et pour ses sujets, s'était

Inhabile à donner la loi,
Tu portais le vain nom de Roi,
Sous la tutelle et sous l'empire
Des tyrans qui régnaient pour toi.

Étais-tu bon ? c'est un problème
Qu'on peut résoudre à peu de frais ;
Un bon prince ne fit jamais
Le malheur d'un peuple qui l'aime ;
Car on ne peut appeler bon
Un roi sans frein et sans raison,
Qui ne vécut que pour lui-même.

Voluptueux, peu délicat,
Inappliqué par habitude,
On sait qu'étranger à l'État,
Le plaisir fit ta seule étude.
Un intérêt vil en tout point
Maîtrisait ton âme apathique

---

rendu l'objet de la haine presque générale... Le corps fut conduit deux jours après à Saint-Denis, et le convoi ressembla plus au transport d'un fardeau dont on est empressé de se défaire qu'aux derniers devoirs rendus à un monarque... Une vingtaine de pages et cinquante palefreniers à cheval, portant des flambeaux, sans être en noir, composaient tout le cortège, qui partit au grand trot à huit heures du soir et arriva à Saint-Denis à onze heures, au milieu des brocards des curieux qui bordaient le chemin et qui, favorisés par la nuit, donnèrent carrière à la plaisanterie, caractère dominant de la nation. On ne s'en tint pas là : épitaphes, placards, vers, tout fut prodigué pour flétrir la mémoire du feu Roi. » (*Mémoires de Besenval.*)

Et le pur sang d'un peuple étique
Entretenait ton embonpoint.

On te vit souvent, à l'école
De plus d'un fourbe accrédité,
Au mépris de ta majesté,
Te faire un jeu de ta parole ;
Au milieu même de la paix,
Sur l'art de tromper tes sujets
Fonder ton unique ressource,
Et préférer dans tes projets
A l'amour de tous les Français
Le plaisir de vider leur bourse.

Tu riais de leur triste sort,
Et, riche par leur indigence,
Pour mieux remplir ton coffre-fort
Tu vendais le pain de la France.
Tes serviteurs, mourant de faim,
A ta pitié s'offraient en vain ;
Leurs plaintes n'étaient point admises.
L'infortune avait beau crier :
Prendre tout et ne rien payer
Fut ta véritable devise.

Docile élève des cagots,
En pillant de toutes manières,
Quoique parmi les indévots
Tu disais pourtant tes prières.
Des sages ennemi secret,

Sans goût, sans mœurs et sans lumières,
En trois mots voilà ton portrait.

Faible, timide, peu sincère,
Et caressant plus que jamais
Quiconque avait pu te déplaire,
Au moment que de ta colère
Il allait ressentir les traits :
Voilà, je crois, ton caractère.

Ami des propos libertins,
Buveur fameux et roi célèbre,
Par la chasse et par les catins :
Voilà ton oraison funèbre[1].

---

1. « A l'égard de cette pièce, remarque Hardy dans son *Journal,* bien des gens la regardaient dans l'ordre moral plutôt comme contenant des médisances que comme contenant des calomnies. *Elle renferme,* disaient-ils, *des vérités fortes et dures; mais ce sont des vérités.* C'est à celui qui sera chargé par la suite d'écrire l'histoire du règne de Louis XV à discuter, d'après de bons mémoires sur les anecdotes secrètes de la vie de ce monarque, les faits et gestes y énoncés, et à lui rendre sans partialité toute la justice qu'il jugera devoir lui être rendue. Depuis qu'il existe des monarques et des potentats, la postérité est établie juge de leur vie et de leurs actions, lorsqu'ils ne sont plus, et rarement appelle-t-on des arrêts qu'elle a prononcés. »

ÉPIGRAMMES DIVERSES

SUR LE ROI[1]

Ce qu'on disait tout bas est aujourd'hui public :
Des présents de Cérès le maître fait trafic,
    Et le bon Roi, loin qu'il s'en cache,
    Pour que tout le monde le sache,
Par son grand almanach sans façon nous apprend
Et l'adresse et le nom de son heureux agent.

SUR M. DE PEZAY[2]

    Ce jeune homme a beaucoup acquis,
    Beaucoup acquis, je vous assure ;

---

1. « On a fait de mauvais vers sur le sieur Mirlavaud, trésorier des grains au compte du Roi, annoncé dans l'*Almanach royal*, 1774. Les curieux les recueillent toujours comme faisant grande sensation en ce moment et anecdote pour l'avenir. » (*Mém. de Bachaumont.*)

2. « M. de Pezay est un auteur dans le genre de M. Dorat, son ami, et qui s'est efforcé de le singer... Ce bel esprit petit-maître, d'une naissance ordinaire, a en outre des prétentions à la qualité et porte des talons rouges. Il se fait appeler marquis et se donne les airs d'un homme de distinction. » (*Mém. de Bachaumont.*)

En deux ans, malgré la nature,
Il s'est fait poète et marquis.

SUR LINGUET ET GERBIER[1]

C'est grand dommage, dites-vous,
Ils sont donc fous,
Ces avocats de haut parage,
Qui, dans des écrits pleins de rage,
S'arrachent la robe et l'honneur.
Quant à la robe, elle eut souvent pareil outrage;
Pour l'honneur, n'ayez crainte; il est bien défendu :
Linguet n'en eut jamais et Gerbier l'a perdu.

SUR LE PARLEMENT[2]

Le chancelier Maupeou, sur la cérémonie
Prévient, en protecteur, ainsi sa compagnie :
Nul de vous n'était né pour être au rang des pairs,
Vous y siégez pourtant, ayez de la décence;
Chaque prince pour vous fera la révérence,

---

1. A propos de la querelle survenue entre ces deux avocats, lorsque Gerbier, pour se conformer aux décisions de l'ordre, refusa de plaider contre Linguet.
2. Au sujet de la cérémonie du catafalque de Louis XV à Saint-Denis. (M.)

Ce salut affermit vos biens et ma puissance :
Un repas vous attend, servi de mets divers ;
Buvez sans vous ivrer, sur ce point de reproches ;
S'il reste des débris, emplissez-en vos poches ;
Mais n'allez pas surtout emporter les couverts.

SUR LA CHÂSSE DE SAINTE-GENEVIÈVE [1]

    Sur Geneviève que l'on vante,
    Sur sa châsse dont autrefois
    La découverte ou la descente
    Du ciel, en faveur de nos rois,
    Suspendaient les fatales lois,
    On faisait mainte raillerie ;
    A la sainte on donnait le tort,
    Quand le chef de sa liturgie
    N'y peut tenir, se lève, et crie :
    Incrédules ! n'est-il pas mort ?

---

1. Plaisanterie attribuée au curé de Sainte-Geneviève à propos de la mort de Louis XV.

ÉPITAPHES DE LOUIS XV

Remplissant ses honteux destins,
Louis a fini sa carrière.
Pleurez, coquins; pleurez, p.....;
Vous avez perdu votre père[1].

Ici gît un Roi tout-puissant :
D'abord à son peuple, en naissant,
Il donna papier pour argent,
Plus d'une guerre en grandissant,
Puis la famine en vieillissant,
Puis enfin la peste en mourant.
Priez pour ce Roi bienfaisant.

Ce monstre, qui n'avait qu'un ventre et point d'entrailles,
Mit la famine en France et la peste à Versailles.

---

1. « Mlle Arnould, chanteuse de l'Opéra, une des courtisanes les plus renommées pour ses bons mots, dit en parlant de la mort du Roi et de l'exil de Mme du Barry, en déplorant le sort de ses semblables : Nous voilà orphelines de père et de mère. » (*Mém. de Bachaumont.*)

INDEX ALPHABÉTIQUE

DE LA

QUATRIÈME PARTIE

A

ACADÉMIE FRANÇAISE (L'), 295.
ADÉLINE (Mlle), 162.
AIDES (Cour des), 242, 243.
AIGUILLON (Duc d'), secrétaire d'État des affaires étrangères, 29, 31, 32, 33, 198, 199, 201, 204, 214, 250, 253, 259, 268, 269.
AIROLLES (Bertrand d'), 302.
ALLARD (Mlle), 91, 159, 287.
AMERVAL (M. d'), 266.
AMILLY (M. d'), 47.
ANSEAUME, 155.
ARANDA (Marquis d'), 277.
ARNOULD (Mlle Sophie), 48, 56, 68, 69, 92, 159.
ASSELIN (Mlle), 49.

ASTRUC, médecin, 38.
AUMONT (Duc d'), 254.
AYEN (Duc d'), 2.

B

BACULARD (D'Arnaud-), 59, 62, 302, 309.
BARRY (Comte Jean du), 265.
BARRY (Mme du), 142, 170, 198, 203, 250, 252, 257, 271.
BAUFREMONT (M. de), 5.
BEAUMARCHAIS (Caron de), 155, 298-312.
BEAUMESNIL (Mlle), 92, 286.
BEAUMONT (Christophe de), archevêque de Paris, 10, 11, 12, 34, 259.
BEAUVALET, 289.
BEAUVERNIER (Mlle), 166.
BERINGHEM (M. de), 9.

BERTIN (Henri), secrétaire d'État, 3.
BERRUYER (Le P.), 11.
BÈZE (Mlle), 163.
BIGNON (Jérôme), prévot des marchands, 180.
BILLARD (Abbé), 215.
BIRON (Duc de), 13.
BISSY (M. de), 254.
BLOIS. Cf. CONSEIL SUPÉRIEUR.
BOILEAU, 128, 154, 196.
BOURBON (Duc de), 263.
BOURBONNAISE (La), 132.
BOURET, fermier général, 17.
BOURGEOIS DE BOYNES (M.) secrétaire d'État de la marine, 266.
BOURGADE, 17.
BOUSCARELLE (Mlle), 163.
BRÉHANT (M. de), 6.
BRET, 196.
BRETAGNE (Affaires de), 29-32, 44-47. Cf. PARLEMENT.
BRIARD, peintre, 163.
BRISSAC (Duc de), 15.
BRISSOT (La), 135, 165.
BROCHOT, maitre des requêtes, 240.
BROGLIE (M. de), 10, 255.
BUARD, 99.
BUFFON (M. de), 193.
BUSSY-CASTELNAU (Marquis de), 102.

C

CAILHAVA, 155.
CALONNE (M. de), intendant de Metz, 71, 214.
CARDONNE, 156.
CAVAYRAC (Abbé de), 63.
CHABANON, 154.
CHAMPFORT, 155.
CHARTRES (Duc de), 272.
CHATEAUGIRON (Leprêtre de), 311.
CHAUVELIN (M. de), 63.
CHAUVELIN (Marquis de), 280.
CHÉVRIER, 295.
CHOISEUL (Duc de), secrétaire d'État de la guerre, 2, 3, 36, 75, 87, 170, 171, 207, 239, 249, 255, 277.
CHOISEUL-PRASLIN (Duc de), secrétaire d'État des affaires étrangères, 3.
CLAIRON (Mlle), 41-44, 81-84, 86.
CLAIRVAL, 154.
CLÉMENT (Jacques), 121.
CLÉMENT XIV (Pape), 235, 292.
CLÉOPHILE (Mlle), 287.
COASLIN (Mme de), 138.
COIGNY (M. de), 16.
COLBERT (Jean-Baptiste), 75.
CONDÉ (Prince de), 66, 67, 255, 263.
CONSEIL (Le Grand), 29, 69, 105, 243.
CONSEIL SUPÉRIEUR de Blois, 216.
CONTADES (M. de), 12.
CONTI (Prince de), 13, 282.
COUPÉ (Mlle), 49.
COLARDEAU, 27.
CORNILLON (M. de), 13.
CRÉBILLON, 154.

CROMOT, 263, 264.
CZARINE (La), 233.

D

DANEMARK (Roi de), 130, 137, 141, 142, 234.
DARNEY (Mlle), 99.
DAUBENTON, 193.
DAUBERVAL, 288.
DAUPHIN (Le), fils de Louis XV, 52-55.
DAUPHIN (Le), petit-fils de Louis XV, 175.
DAUPHINE (La), 188.
DAUVERGNE, 291.
DAUVILLIER (Mlle), 167.
DELFÈVRE (Mlle), 165.
DEMIRET (Mlle), 50, 100, 160.
DERVIEUX (Mlle), 161, 185-187.
DESANGLES (Mlle), 167.
DES CARS (Duc), 255.
DESCHAMPS (Mlle), 49.
DIDEROT, 27, 155, 193.
DONATÉE (Mlle), 165.
DORAT, 27, 104, 194.
DUBOIS (Abbé), 293.
DUBOIS, comédien, 43.
DUBOIS, premier commis de la guerre, 7.
DUMESNIL (Mlle), 19.
DUPLAN (Mlle), 160, 284.
DURANCY (Mlle), 288.
DURAND, 91, 290.
DURAS (Duc de), 18, 137.
DUVAL, 229.

E

ESCOMPTE (Caisse d'), 77.
ESPAGNE (Roi d'), 232, 277.
ESTRÉES (Duc d'), 4.

F

FEL (Mlle), 49.
FITZ-JAMES (Duc de), 19.
FOIX (Abbé de), 16.
FOLLEN, 228.
FONTAINE (M. de), 50.
FONTENAY (Mlle), 290.
FOURCY, 228.
FRÉDÉRIC II, roi de Prusse, 235, 237.
FRÉRON, 27, 59, 157, 195.

G

GABRIEL, architecte, 17.
GARDEL, 289.
GELIN, 92, 285.
GEORGES III, roi d'Angleterre, 236.
GERBIER, avocat, 103, 241, 318.
GOEZMAN, conseiller au Parlement, 278, 301, 308, 310, 312.
GOURDAN (La), 135.
GRAMMONT (Duchesse de), 3, 173.
GRANIER, 291.
GRANVILLE (Mlle), 166.
GRÉTRY, 157.

GRISEL (Abbé), 215, 297.
GUIGNARD (Le P.), 64.
GUIMARD (Mlle), 91, 92, 161, 271, 287.
GUY PATIN, médecin, 38, 39.

H

HENRI IV, 120.
HEINEL (Mlle), 285.
HOCQUART (Abbé), 219-221.
HOPITAL (Mme de l'), 15, 34, 256.

I-J

ISOIRE (Mlle), 167.
JARENTE (M. de), évêque d'Orléans, 9, 16.
JÉSUITES (Les), 28, 121, 243, 274.
JOLIVEAU, 97, 156.
JOLY DE FLEURY (M.), procureur général, 211, 212.
JULIE (Mlle), 292.

K

KEISER, empirique, 44.
KERGUESEC (M. de), 29.

L

LA BLACHE (Comte de), 308.
LABORDE, 157.
LA CHASSAIGNE, 161.
LACOMBE, 245.
LA CHALOTAIS (M. de), procureur général au Parlement de Bretagne, 62, 63, 201.
LACOUR (Mlle), 101.
LAFORÊT (Mlle), 164.
LA HARPE, 154, 194, 244, 246.
LALLY-TOLLENDAL (M. de), 103.
LA MARCHE (Comte de), 14, 224, 263, 264, 268.
LAMOIGNON (M. de), chancelier de France, 2.
LA MORLIÈRE, 196, 295.
LA MOTTE, 156.
LANGE (Mlle), 135. Cf. Mme DU BARRY.
LANY (Mlle), 49, 100.
LA SALLE, 291.
LAUJON, 154.
LAUNAY (Mlle de), 162.
LAVAL. Cf. MONTMORENCY.
LAVERDY (M. de), contrôleur général des finances, 4, 29, 32, 33, 35, 56, 75, 77.
LE BERTON, 97.
LE BLANC (Abbé), 26.
LEBLANC, 243.
LE BRUN, 265.
LEDOUX (Mlle), 97.
LÉGIER, 196.
LE GROS, 92, 283.
LEJAY, 302, 309.
LEMIERRE, 27, 154, 195.
LEMIERRE (Mlle), 48, 284.
LE NORMAND D'ÉTIOLES (M.), 56.
LINGUET, avocat, 201, 241,
LOUIS (Saint), 183, 318.
LOUIS XIV, 154.

Index alphabétique.

Louis XV, 1, 8, 25, 26, 31, 32, 36, 44-47, 63, 69-73, 78, 123, 124, 132, 134-136, 147, 205, 222, 224, 231, 238, 243, 253, 254, 255, 257, 277, 280, 313, 317, 320.
Louise (Mme), fille de Louis XV, 275.
Lugeac (M. de), 6.
Luxembourg (Mme de), 16.

M

Maillebois (M. de), 255.
Marie-Thérèse, impératrice d'Allemagne, 235.
Marigny (Marquis de), 20.
Marin, 278, 301, 310.
Marmontel, 27, 34, 105, 157, 194, 295.
Marquise (Mlle), 50, 164.
Mars (Mlle), 163.
Marsan (Mme de), 16.
Marsy (Le P.), ex-jésuite. 61.
Martigniée (Mlle), 99.
Martin (Mme), 289.
Mathon, 196.
Maupeou (René de), chancelier de France, 2, 8, 198, 204, 210, 214, 215, 219, 220, 225, 230-243, 248, 259, 264.
Médicis (Marie de), 37.
Mercy-Argenteau (Comte de), 286.
Mirepoix (M. de), 257.
Molé, acteur, 83-87.
Monsigny, 156.
Montesquieu, 26.
Monteynard (M. de), secrétaire d'État de la guerre, 6, 263, 293.
Montmorency-Laval (Vicomte de), 65, 255.
Moreau, chirurgien, 34.
Muguet, 91, 92.

N

Neufchatel (François de), 154.
Nicolet, 85-87, 153.
Nivernois (Duc de), 4.
Noé (Mlle), 165.
Nollet (Abbé), 37.
Normand, 266.

O

Ogier (Président), 122-124.
Opéra (L'), 88, 97, 139, 142, 158, 282.
Orléans (Princes d'), 267.
Orlow, 233.

P

Palissot, 241.
Paris (La), 203.
Paris-Duvernay, 17.
Parlement (Le), 8, 36, 38, 40, 69, 105, 138, 183, 185, 209, 213, 215, 222, 240, 241, 243, 258, 264, 268, 277, 300, 313, 318.
Parlement de Bretagne, 31, 44-47.
Parlement de Rouen (Le), 227.

PERRAULT, médecin, 39.
PESLIN (Mlle), 101, 159, 287.
PEZAY (marquis de), 317.
PHILIDOR, 155.
PIGALLE, 200.
PILOT, 91, 92.
PIRON, 295.
POINSINET, 156.
POIRSIN (Mlle), 166.
POMPADOUR (Mme de), 1, 8, 10, 24, 25, 34.
POMPIGNAN, 18, 26.
PONCET DE LA RIVIÈRE, 214.
PONIATOWSKI, 233.
PORTUGAL (Roi de), 232.
POYANNE (Marquis de), 14.
PRÉVOT (Mlle), 50.
PRUDHOMME (Mlle), 101.
PUVIGNÉ (Mlle), 49.
PUYSIEUX (Marquis de), 5.

Q

QUÉTANT, 155.
QUINAULT, 154.

R

RABIQUEAU, 125.
RACINE, 155.
RAMEAU, 93.
RAMSON (La), 272.
REBEL, 283.
RICCI (Le P.), 13.
RICHELIEU (Maréchal de), 6, 254.
RIQUET (Mlle), 49.

RIVIÈRE (Mlle), 48, 161.
ROSALIE (Mlle), 160, 286.
ROUEN. Cf. PARLEMENT.
ROUSSEAU (Jean-Jacques), 157, 195.

S

SABLÉ (Mlle), 162.
SAFFRAY, 229.
SAINT-FLORENTIN (M. de), duc de la Vrillière, 7, 44, 46, 47, 204, 215, 259.
SAINT-FOIX, 154.
SAINT-MARTIN (Mlle), 98, 164.
SARDAIGNE (Roi de), 234.
SARON (Mlle), 164.
SARTINE (M. de), lieutenant général de police, 18, 107, 127.
SAURIN, 128.
SAUTREAU, 196.
SAUVIGNY (Berthier de), premier président au Parlement, 311.
SAUVIGNY, 154.
SEDAINE, 156, 196.
SÉGUIER, avocat général, 211, 240.
SIANNE (Mlle), 100.
SIXTE (Mlle), 48.
SORBONNE (La), 106, 120, 213.
SOUBISE (M. de), 12, 15, 33.
SUARD, 196.
SUÈDE (Roi de), 237.
SULLY, 33, 37.
SURLAVILLE, 7.

T

TACONNET, 156.
TALMONT (Princesse de), 257.
TERRAIL (Marquis du), 19.
TERRAY (Abbé), contrôleur général des finances, 199, 205, 259, 264, 294.
TETLINGUE (Mlle), 99.
TRIAL, 97.

V

VALENTINOIS (Duchesse de), 256.

VANDIÈRE (Marquis de), 17.
VASSE, 228.
VESTRIS, danseur, 288, 289.
VESTRIS (Mlle), 49, 97.
VIARD, 229.
VILLETTE (Marquis de), 67.
VOLTAIRE, 26, 87, 154, 157, 194, 200, 243.

W-Y

WURMEZER, 14.
YON, 229.

TABLE DES MATIÈRES

Pages.

INTRODUCTION HISTORIQUE : Le règne de Louis XV : Madame du Barry et le Triumvirat. . 1

ANNÉE 1764.

Noëls pour l'année 1764. 1
Placet à M. de Marigny. 20
La Nouvelle Héloïse. 21
Épitaphes de Madame de Pompadour. 24
Commandements du Dieu du Goût. 26
Invectives contre les Jésuites. 28
Une Lettre du contrôleur. 29
Épigrammes diverses 33

ANNÉE 1765.

Un Contrôleur habile 35
Le Pain mollet. 37
Épigrammes sur Mademoiselle Clairon. 41
Une Lettre de M. de Saint-Florentin. 44

	Pages.
Nouvelles de l'Opéra.	47
Requête des chiens au gouverneur du Palais-Royal.	51
La Mort du Dauphin.	52
Épigrammes diverses.	54

ANNÉE 1766.

La Tristesse de Fréron.	59
Complainte de La Chalotais.	62
Un brillant hyménée.	65
Compliment au Prince de Condé.	66
Justification du marquis de Villette.	67
Discours du Roi au Parlement et au Conseil.	69

ANNÉE 1767.

Un nouveau marguillier de Saint-Roch.	75
La Caisse d'escompte.	77
Les Plaisirs de Choisy.	79
Quête pour une tragédie.	81
Molé ou le singe de Nicolet.	85
Statuts pour l'Académie royale de musique.	88
Étrennes aux Demoiselles de l'Opéra.	97
Le Procès de Bussy.	102
Épigrammes diverses.	104

ANNÉE 1768.

Requête des fiacres de Paris contre les cabriolets.	107
Les Prophéties de la Sorbonne.	120
La Mission du Président Ogier.	122

	Pages.
Les Lanternes de Paris.	125
La Tragédie de *Beverley*.	128
Le Roi de Danemark à Paris.	130
La Bourbonnaise.	132
Une Fille de rien.	134
Épigrammes diverses.	137

ANNÉE 1769.

Le Départ du roi de Danemark.	141
Bouquet à Lisette.	142
Complainte de filles auxquelles on vient d'interdire l'entrée des Tuileries à la brune.	144
Épître à Nicolet.	153
Les Actrices de l'Opéra.	158

ANNÉE 1770.

Conseils à Madame du Barry.	169
Le Mémoire du duc de Choiseul.	171
Le Mariage du Dauphin.	174
Les Exploits du prévôt des marchands.	180
Remontrances de saint Louis au Parlement.	183
Mademoiselle Dervieux.	185
Remontrances à Madame la Dauphine.	188
Noëls pour l'année 1770.	192
Épigrammes diverses.	198

ANNÉE 1771

Tableau de la cour.	203
Les Affaires du temps.	207

	Pages.
Invectives contre Séguier et Joly de Fleury.	211
L'Enterrement du Parlement.	213
Le Conseil supérieur de Blois.	216
L'Abbé Hocquart.	219
Le Lit de justice.	222
Panégyrique du Chancelier Maupeou.	225
L'Abolition du Parlement de Rouen.	227
Noëls pour l'année 1771.	231
Épigrammes diverses.	238

ANNÉE 1772.

Cela reviendra.	247
Le Fermier et les Chiens.	248
La Clique de Madame du Barry.	252
Les Liquidations du Parlement.	258
La Disgrâce du Chancelier	259
Le Siècle présent.	261
Noëls pour l'année 1772.	262

ANNÉE 1773.

Les Princes à la Cour.	267
La Réduction des rentes.	269
Drôlesse et princesse.	271
L'Accouchement de la duchesse de Chartres.	272
Le Retour des Jésuites.	274
La Mort du marquis de Chauvelin.	280
Noëls pour l'année 1773.	282
Épigrammes diverses.	292

ANNÉE 1774.

	Pages.
Chacun son métier.	298
Épigrammes sur le procès de Beaumarchais	299
Épîtres à Beaumarchais sur la perte de son procès.	304
Noëls pour l'année 1774.	307
Oraison funèbre de Louis XV.	313
Épigrammes diverses.	317
Épitaphes de Louis XV.	320

INDEX ALPHABÉTIQUE DE LA QUATRIÈME PARTIE. 321

TABLE DES PORTRAITS

	Pages.
Madame du Barry	1
Mademoiselle Clairon	41
Le duc d'Aiguillon	199
Le chancelier Maupeou	225
L'abbé Terray	258

CHANSONNIER HISTORIQUE

DU XVIIIe SIECLE

EN VENTE :

La Régence (1715-1723) . . . . 4 vol.

Le Règne de Louis XV (1724-1774) . . . . . 4 vol.

SOUS PRESSE :

Le Règne de Louis XVI (1774-1789) . . . . 2 vol.

Chaque volume est orné de cinq portraits gravés à l'eau-forte

L'ouvrage sera ainsi complet en 10 volumes

www.ingramcontent.com/pod-product-compliance
Lightning Source LLC
Chambersburg PA
CBHW050430170426
43201CB00008B/614